Les outre-mer sont-ils encore dans la République ?

Collection « Le temps des ruptures »
dirigée par le collectif Le temps des ruptures

Reconnue d'utilité publique dès sa création, la **Fondation Jean-Jaurès** est la première des fondations politiques françaises. Elle est présidée par Jean-Marc Ayrault. Indépendante, européenne et sociale-démocrate, elle se veut depuis plus de trente ans un lieu de réflexion, de dialogue et d'anticipation. Les partenariats éditoriaux qu'elle engage répondent à l'ambition de faire naître analyses pertinentes et propositions audacieuses, mais aussi de mettre cette production intellectuelle et politique au service de tous.
Laurent Cohen et Jérémie Peltier en sont les directeurs des publications.

www.editionsbdl.com
33300 Bordeaux

ISBN : 978-2-38519-174-0

Jeanne Belanyi

Les outre-mer sont-ils encore dans la République ?

Fondation Jean Jaurès

Le Bord de l'eau

Introduction

Mobilisations, émeutes, manifestations, insurrections, dévastations, traumatismes, victimes, sinistrés… Le champ lexical qui a caractérisé le traitement informationnel relatif aux territoires dits d'outre-mer[1] a été particulièrement marqué par un sensationnalisme aux allures anxiogènes en 2024. L'image renvoyée, celle de territoires instables éprouvés par les crises, présente le risque d'être d'autant plus renforcée qu'il est fréquemment souligné que les outre-mer constituent une part marginale du paysage médiatique français. Si ce sont donc les contextes de tensions – révoltes en Nouvelle-Calédonie, mouvement social de contestation contre la cherté de la vie en Martinique, passage dévastateur du cyclone Chido à Mayotte, chacun de ces événements ayant été marqué par l'instauration de couvre-feux – qui ont su se frayer un chemin dans les eaux agitées du calcul médiatique, ils ont également soulevé en creux deux thématiques qui ont abreuvé le débat public ces dernières années : celles, intimement liées, du postcolonialisme et de l'identité nationale.

1 Bien qu'ils soient employés ici par souci de commodité, en raison de leur usage répandu, il convient de rappeler la charge coloniale que portent les termes « outre-mer » et « ultramarin », ainsi que le risque qu'ils présentent d'effacer la diversité des territoires et des réalités qu'ils désignent.

Qu'il s'agisse de géopolitique, d'économie, de féminisme, d'écologie, les appels à adopter une vision qui serait moins « occidentalo-centrée » se multiplient. Dans le prolongement de cette dynamique, et cette fois-ci en matière historique, le postcolonialisme incite à se départir d'une telle vision. Source de bien des controverses, le paradigme postcolonial reste globalement interprété comme un symptôme de repli communautaire, alors même qu'il est admis par les critiques postcoloniaux eux-mêmes que la pensée postcoloniale unique n'existe pas[1]. Au-delà d'une fragmentation alimentant par ailleurs sa critique, le terme sert en réalité plutôt de concept fédérateur pour rassembler une diversité d'opinions et de positions, réunies par un engagement à prendre en compte l'héritage visible et plus souvent caché de l'histoire coloniale dans la société contemporaine[2].

Car si la pensée postcoloniale a fait l'objet d'interprétations aussi variées que foisonnantes et divergentes, suscitant des controverses à intervalles plus ou moins réguliers[3], elle se caractérise toutefois par une idée directrice : offrir une grille de lecture renouvelée explorant les rapports entre le passé et le présent de manière à analyser les traces laissées par le fait colonial dans la société et l'imaginaire français.

L'historienne Catherine Coquery-Vidrovitch clarifie les malentendus qui sont courants autour du concept postcolonial, rappelant utilement dans un premier temps ce que le

---

1 Nicolas Bancel, Florence Bernault, Pascal Blanchard, Ahmed Boubeker, Achille Mbembe et Françoise Vergès (dir.), *Ruptures postcoloniales : les nouveaux visages de la société française*, Paris, La Découverte, 2010.

2 David Murphy et Charles Forsdick, *Réactions françaises à une perspective postcoloniale*, dans Nicolas Bancel, Florence Bernault, Pascal Blanchard, Ahmed Boubeker, Achille Mbembe et Françoise Vergès, (dir.), *Ruptures postcoloniales : les nouveaux visages de la société française*, *op. cit.*

3 Achille Mbembe, « Pourquoi ont-ils tous peur du postcolonial ? », *AOC*, 21 janvier 2020.

postcolonial n'est pas, à savoir un concept chronologique, car « parler du postcolonial ne signifie pas étudier ce qui se passe *après* la colonisation » mais « affronter nos mémoires plurielles afin de se donner les moyens de les surmonter »[1]. Car ni l'abolition de l'esclavage, ni les indépendances des États colonisés ni la « décolonisation intra-française[2] » – le prisme ultramarin démontrant que la décolonisation ne s'est pas toujours traduite par l'accès à l'indépendance mais a pu, à l'inverse, prendre la forme d'une « inclusion politique » par la départementalisation de certains de ces territoires – ne suffisent à occulter les traces de la domination coloniale.

Qui, en effet, « peut honnêtement nier que l'esclavage et surtout la colonisation, mais aussi la ponction des corps, l'extraction des richesses du sol et du sous-sol, le commerce et les migrations, la circulation des formes et des imaginaires ont joué un rôle décisif dans ce processus de collision et d'enchevêtrement des peuples[3] ? ».

Cette assertion est donc également valable pour les territoires ultramarins français[4], ces « sociétés méconnues, dont l'histoire et la culture sont citées sous forme de fragments disparates et approximatifs[5] », mais dont certains demeurent profondément marqués par un racisme issu de la traite et de la colonisation, conséquence de la mise en infériorité de certains

1 Catherine Coquery-Vidrovitch, *Enjeux politiques de l'histoire coloniale*, Marseille, Agone, 2009.

2 Nicolas Roinsard, « Soixante ans de départementalisation à La Réunion : une sociologie des mutations de l'organisation sociale et de la structure de classe en contexte postcolonial », *Revue Asylon(s)*, n° 11, mai 2013.

3 Achille Mbembe, « Pourquoi ont-ils tous peur du postcolonial ? », *op. cit.*

4 La Guadeloupe, la Guyane, la Martinique, La Réunion, Mayotte, Saint-Barthélemy, Saint-Martin, Saint-Pierre-et-Miquelon, Wallis-et-Futuna, la Polynésie française, la Nouvelle-Calédonie et les Terres australes et antarctiques françaises.

5 Aimé Césaire et Françoise Vergès, *Nègre je suis, nègre je resterai*, Paris, Albin Michel, 2005.

peuples. Aimé Césaire évoquait par exemple la persistance de ce qu'il nommait un « malaise antillais ».

Ainsi, la pensée postcoloniale insiste sur ce qu'Achille Mbembe nomme « l'humanité-à-venir[1] », celle-là même, précise-t-il, qui porte en elle l'espérance dans l'avènement d'une communauté universelle et fraternelle, débarrassée des figures coloniales et de la différence raciale.

On ne peut nier que ce passé pèse sur le présent et impacte directement la politique nationale, ne serait-ce qu'à l'échelle sémantique, ce qui est symptomatique de la problématique relationnelle entre la France continentale et la France ultramarine. Il n'est ainsi pas anodin que le terme « Hexagone » soit désormais privilégié par rapport à celui de « métropole » pour qualifier la France continentale par rapport à ses territoires ultramarins. Le terme « métropole » fait écho au passé colonial de la France, alors même qu'avec la loi de mars 1946[2], la France est supposée abandonner son statut d'empire colonial en érigeant ses « vieilles colonies » de la Guadeloupe, de la Martinique, de la Réunion et de la Guyane, en départements.

La société française est donc indéniablement postcoloniale, au sens où le passé colonial des territoires ultramarins désormais intégrés au sein de la République pèse encore sur le présent. Preuve s'il en fallait (davantage) : alors même qu'elle estimait « avoir achevé la décolonisation, à partir de la décennie 1970, deux territoires d'Océanie, la Nouvelle-Calédonie et la Polynésie française allaient rappeler jusqu'à nos jours le différend qui l'oppose à l'Organisation des Nations unies[3] ». En

1 Achille Mbembe, « Qu'est-ce que la pensée postcoloniale? » (entretien), *Revue Esprit*, décembre 2006.

2 Loi n° 46-451 du 19 mars 1946 tendant au classement comme départements français de la Guadeloupe, de la Martinique, de la Réunion et de la Guyane française.

3 Jean-Marc Regnault, « France et ONU : deux conceptions de la décolonisation des îles océaniennes peu conciliables et que le temps ne rapproche pas »,

effet, depuis 1986 et 2013, l'Assemblée générale des Nations unies a respectivement réinscrit la Nouvelle-Calédonie et la Polynésie française sur la liste des territoires non autonomes établie par les Nations unies.

Dans cette perspective, la participation – bien que controversée – de représentants d'organisations guyanaises ou martiniquaises à certains rassemblements organisés par le Groupe d'initiative de Bakou, une structure soutenue par l'Azerbaïdjan visant à fédérer les mouvements anticoloniaux issus de territoires qu'elle considère comme toujours soumis à une domination coloniale, n'est pas anodine. Lors de la 78e Assemblée générale de l'Organisation des Nations unies, qui s'est tenue en septembre 2023, la délégation guadeloupéenne a par ailleurs demandé l'inscription de la Guadeloupe sur la liste des pays à décoloniser précédemment mentionnée.

Pour revenir sur le cas de la Nouvelle-Calédonie, les révoltes et le déferlement de violences qui ont marqué ce territoire au mois de mai 2024, provoquant la déclaration d'un état d'urgence de plusieurs jours, sont on ne peut plus symptomatiques du poids encore très actuel de l'héritage historique de cette terre d'exil marquée par le drame de la spoliation coloniale, de la violence et des injustices commises depuis la colonisation de ce territoire.

Ces événements récents soulignent l'incohérence qu'il y aurait à enfermer les anciennes colonies et actuels territoires ultramarins français dans une temporalité linéaire qui s'étendrait uniquement de l'ère pré-coloniale à la décolonisation en passant par la période coloniale. Ils mettent aussi en évidence la pertinence d'une approche postcoloniale qui dépasse une lecture strictement historiciste, pour envisager l'identité nationale à la lumière des interactions entre l'Hexagone et ses anciennes

---

Outre-Mers, vol. 1, n° 398-399, 2018, p. 217-234.

colonies, en particulier les quatre « vieilles colonies[1] », transformées en départements d'outre-mer en 1946.

Ainsi, la réception houleuse des études postcoloniales en France ne doit pas occulter une réalité : si son histoire ne peut s'y résumer ni y être réduite, la société française ne peut toutefois pas se comporter comme si la colonisation n'avait été qu'une parenthèse sans suite. Au contraire, elle devrait s'engager dans une démarche visant à analyser la situation contemporaine française à l'aune de l'expérience coloniale, productive de sens et de clarifications quant aux mouvements sociaux et politiques récents qui ont bousculé le territoire national, à l'échelle de l'Hexagone comme des outre-mer.

Les réticences à s'engager sur la voie de l'introspection, qui n'appelle ni repentance ni auto-flagellation mais humilité et responsabilité, sont-elles le stigmate d'une « arrogance civilisatrice » persistante, car incapable de s'extraire d'un schéma républicain unilatéral ?

Il ne s'agit donc pas de se déclarer favorable au postcolonialisme, de l'exécrer ou de le tolérer, mais de réobjectiver le mythe de la prééminence occidentale. Ce n'est d'ailleurs pas un hasard si Achille Mbembe, loin d'être un zélé postcolonial, lui qui déclarait ne pas être « un théoricien du postcolonialisme, encore moins l'un des grands prêtres de la pensée dite décoloniale », pointait le « tournant autoritaire et néoconservateur d'une très large portion de la scène intellectuelle et culturelle française ». À la faveur de ce tournant, beaucoup « ne veulent pas entendre parler du passé colonial » mais prétendent au contraire ne se soucier que du seul présent, balayant d'un revers de main ce passé qui aurait été « globalement positif »[2].

1 Ce terme de « vieilles colonies » fait référence aux colonies du premier empire colonial (Guadeloupe, Guyane, Martinique et La Réunion).

2 Achille Mbembe, « Pourquoi ont-ils tous peur du postcolonial ? », *op. cit.*

Comment comprendre cette politique de l'autruche? Ni le tollé suscité en 2005[1] par une loi imposant aux programmes scolaires de reconnaître « le rôle positif de la présence française outre-mer » (contribuant dès lors à inculquer aux jeunes générations que l'impérialisme colonial était consubstantiel à la grandeur française), ni l'ampleur de la marche silencieuse du 23 mai 1998[2], ni même le désir croissant de questionner ce passé colonial, ne semblent mettre à mal le principe d'un universalisme à la française qui se veut indifférent aux différences. Pas plus qu'ils ne remettent en cause un schéma républicain qu'il s'agit de brandir pour encenser en sous-main « l'œuvre civilisatrice » de la France dans les ex-colonies et réaffirmer l'ancrage de valeurs communes.

N'est-ce, en effet, pas Gérald Darmanin, alors ministre de l'Intérieur et des Outre-mer, qui affirmait en février 2023[3], que c'était bien « la République française qui avait aboli l'esclavage », intimant donc aux territoires ultramarins « d'aimer la République »?

Pour autant, au regard des données socio-économiques au rabais et des entorses au droit commun qui caractérisent ces territoires, le terme « République » y a-t-il encore une consistance? Car l'idée républicaine en France incarne une certaine

1 Loi n° 2005-158 du 23 février 2005 « portant reconnaissance de la Nation et contribution nationale en faveur des Français rapatriés ». Son article 4 a finalement été retiré par décret par Jacques Chirac en janvier 2006. La loi indique désormais que « les programmes de recherche universitaire accordent à l'histoire de la présence française outre-mer, notamment en Afrique du Nord, la place qu'elle mérite ».

2 Le 23 mai 1998, à l'occasion du cent-cinquantenaire de l'abolition de l'esclavage du 27 avril 1848, une marche silencieuse réunissant des dizaines de milliers de personnes est organisée à Paris, avec pour objectif de rappeler le souvenir des millions de victimes de la traite et de l'esclavage.

3 À l'occasion du colloque « Les Outre-mer aux avant-postes » organisé par *Le Point* le 2 février 2023 à la Maison de l'Océan, à Paris.

idée de la démocratie, forgée par l'histoire nationale et reposant sur les principes de liberté, d'égalité et de fraternité.

Il faut ainsi rappeler que le terme même de République, de plus en plus galvaudé dans le discours politique et médiatique, n'évoque pas un simple régime politique mais une « belle et grande idée, celle de l'inscription de l'émancipation universelle de l'Homme dans un contrat social passé entre des citoyens libres et égaux pour former une nation politique[1] ».

En ce sens, les territoires ultramarins sont ainsi le miroir grossissant d'une forme de démission du politique dont Hexagone comme outre-mer partagent finalement bien des symptômes, laissant la place à une République à deux vitesses et à son corollaire, celui d'un sentiment croissant de ne posséder qu'une citoyenneté de « seconde zone ». Car s'il est fréquent de voir les territoires ultramarins désignés comme les « territoires abandonnés de la République », cette terminologie trouve également à s'appliquer aux banlieues, aux quartiers populaires ou encore aux territoires ruraux, aucun n'ayant le monopole des sentiments de déclin, d'abandon, de déclassement qui s'y diffusent.

Il ne s'agit pas bien sûr de placer un signe égal entre les réalités diverses de ces territoires ni de tomber dans le piège de l'assignation, de l'essentialisation ou de l'homogénéisation, mais de replacer les outre-mer dans le cadre d'un débat national dont ils se trouvent bien souvent exclus, contribuant à ajouter à l'éloignement géographique une forme de distance sociale entre citoyens de l'Hexagone et citoyens ultramarins, et donc une forme d'extranéité. Les acteurs publics ultramarins se retrouvent contraints à rappeler régulièrement que les populations ultramarines sont bel et bien françaises, et non des « étrangetés périphériques (...) que l'on ne considère pas

---

1 Laurent Bouvet, « La République aujourd'hui », *Humanisme*, vol. 4, n° 317, 2017, p. 20-23.

comme des composantes à part entière des ensembles nationaux[1] ». Le cas, récent, de Mayotte, l'a de nouveau illustré : quelques jours après sa nomination en tant que Premier ministre, François Bayrou, épinglé pour sa présence au conseil municipal de Pau plutôt qu'à Mayotte, pourtant dévastée par le passage du cyclone Chido en décembre 2024, avait argué pour sa défense que « Pau, c'est en France » et qu'il n'était « pas d'usage que le Président et le Premier ministre quittent en même temps le territoire national », laissant entendre que Mayotte n'était pas un département français[2].

Si l'impéritie de l'État à assurer l'impératif d'égalité effective entre tous les citoyens devrait nous inciter à créer du liant entre « France des bourgs », « France des tours » et « France des océans » plutôt qu'à alimenter leurs caricatures respectives, le prisme ultramarin permet de soulever de nouveaux angles de réflexion en ce que les territoires dits d'outre-mer vivent de manière exacerbée ces maux partagés avec la France périurbaine, rurale et populaire, sans toujours avoir le même écho médiatique.

Cette réalité ultramarine aggravée s'illustre au travers d'un mouvement cyclique de contestations qui a, d'année en année, puisé son élan dans une même source : celle des inégalités sociales et économiques, celle de la pauvreté et celle d'un accès aux services publics proche de l'inexistant. Des soulèvements populaires ont ainsi émergé en Guyane en 2008 et en 2017, mais également aux Antilles et à La Réunion en 2009, ou bien à Mayotte en 2016 et 2018.

Le plus récent en date s'est déclenché en Martinique en septembre 2024 pour dénoncer, une fois de plus, la cherté

1 Fred Constant, *Géopolitique des Outre-Mer : entre déclassement et (re)valorisation*, Paris, Le Cavalier Bleu, 2023.

2 « Questions au Premier ministre », Assemblée nationale, séance du 17 décembre 2024.

de la vie, source continuelle de mécontentement qui s'appuie sur des données aussi parlantes que préoccupantes. Prenons un ménage moyen de France hexagonale déménageant outremer, qui souhaiterait maintenir son niveau de consommation à l'identique. Ce ménage devrait ainsi dépenser 19 % de plus s'il déménage en Guadeloupe, 18 % à Mayotte et en Guyane, 17 % en Martinique et 12 % à La Réunion[1].

La « vie chère » est ainsi un phénomène historique, qui perdure, et qui se traduit par des prix à la consommation qui ne sont en rien comparables avec ceux pratiqués sur le territoire hexagonal, qu'il s'agisse du secteur du logement, de la téléphonie ou des transports. Mais il est particulièrement asphyxiant dès lors qu'il s'agit de l'alimentation, ce qui explique pourquoi les revendications du mouvement de contestation martiniquais se sont concentrées sur les produits alimentaires, exigeant une baisse des prix dans les grandes surfaces. Les écarts de prix pratiqués dans le domaine alimentaire atteignent en effet +42 % entre la Guadeloupe et la France hexagonale, +40 % pour la Martinique, +39 % pour la Guyane, +37 % pour La Réunion et +30 % pour Mayotte[2].

Le phénomène de vie chère n'est qu'un des nombreux coefficients multiplicateurs qui illustrent les distorsions à l'œuvre entre les conditions de vie que l'on retrouve dans l'Hexagone et celles des territoires ultramarins, et qui seront évoquées ci-après. Si, pour les populations ultramarines, elles apparaissent désormais comme des lieux communs tant elles rythment leur quotidien, elles restent encore largement méconnues, ou appréhendées avec un certain détachement, de la part de ceux qui vivent, eux, au rythme d'une actualité nationale qui fait la part belle à l'Hexagone.

---

1 « En 2022, les prix restent plus élevés dans les DOM qu'en France métropolitaine, en particulier pour les produits alimentaires », Insee, n° 1958, 11 juillet 2023.

2 *Ibid.*

Pourtant, les outre-mer auraient bien davantage à apporter à la réflexion nationale que des brèves épisodiques, éditos et articles alarmistes qui abreuvent ponctuellement les médias et la presse en mal de sensations. Ces manifestations de colère, dont la récurrence cyclique ne percole dans l'espace médiatique qu'en période de tensions sociales, sont souvent réduites à l'étalement d'affrontements entre populations locales et forces publiques et à l'évaluation rituelle du coût des dommages engendrés.

Au-delà d'incarner bien malgré elle la réalité d'une République à deux vitesses dont les premières victimes en sont les moins bien lotis, les outre-mer se retrouvent au croisement de plusieurs enjeux sociétaux structurants les débats contemporains, lesquels ont pourtant tendance à occulter une dimension ultramarine qui pourrait contribuer à en expliciter certains angles morts.

En ce sens, c'est à l'aune du prisme ultramarin que l'on peut rendre compte de la pertinence de la question de la décolonisation dans le monde contemporain, laquelle, loin d'être un caprice des sociétés l'ayant subie, continue de faire l'objet de déconsidération de la part d'une frange de l'opinion. Nul ne peut contester les « effets persistants de l'esclavage et du colonialisme[1] » mais rares sont ceux « qui posent la question des propriétés du colonial dans un monde qui n'est plus entièrement colonial[2] ».

Ainsi le sociologue Nicolas Roinsard pontait-il que les départements et régions d'outre-mer permettent d'envisager la question de la relation de la France à ses anciennes colonies en envisageant celles pour lesquelles la décolonisation ne s'est pas

1 Nicolas Roinsard, « Soixante ans de départementalisation à La Réunion : une sociologie des mutations de l'organisation sociale et de la structure de classe en contexte postcolonial », *op. cit.*

2 *Ibid.*

traduite par moins de France – autrement dit par l'indépendance – mais par davantage de France, c'est-à-dire par un processus d'inclusion politique, à travers la départementalisation.

Il sera ainsi ici principalement fait référence aux territoires ultramarins qui relèvent de ce statut de départements et régions d'outre-mer (Guadeloupe, Martinique, Guyane, La Réunion et Mayotte)[1], où s'appliquent le principe dit de l'identité législative : les lois et règlements français y sont applicables dans les mêmes conditions que dans l'Hexagone, inscrivant ces territoires dans une logique d'assimilation administrative et politique, bien qu'il soit possible d'y appliquer des adaptations afin de tenir compte de leurs « caractéristiques et contraintes particulières[2] ». D'autres collectivités ultramarines[3] relèvent quant à elles du principe dit de la spécialité législative : les lois et règlements français ne s'y appliquent donc que sur mention expresse, leur conférant ainsi une autonomie à géométrie variable. La Nouvelle-Calédonie, enfin, dispose d'un régime constitutionnel qui lui est propre[4]. Si tous, marqués par un passé colonial différencié et à la chronologie propre ainsi que par des rapports singuliers à l'État, sont restés rattachés à la France, les territoires relevant du statut de « DROM[5] » ont fait le choix d'une conception de la République « reposant sur l'universalisme républicain liant intrinsèquement assimilation culturelle et politique (unicité du peuple français, universalité des droits

1 Il faut préciser que la Guyane et la Martinique ont chacune procédé à la fusion de leur département et région et sont donc des collectivités uniques qui exercent les compétences attribuées à un département d'outre-mer et à une région d'outre-mer.

2 Article 73 de la Constitution.

3 Saint-Barthélemy, Saint-Martin, Saint-Pierre-et-Miquelon, la Polynésie française et Wallis-et-Futuna.

4 Les Terres australes et antarctiques françaises (TAAF) et de l'île de Clipperton, deux territoires inoccupés, sont régis par un régime législatif particulier.

5 Départements et régions d'outre-mer.

et indifférenciation du droit)[1] », assimilation aujourd'hui largement questionnée car mise en regard des promesses sur l'égalité économique et sociale qui devaient l'accompagner mais qui tardent encore à se matérialiser.

Le terme de départementalisation fait ainsi référence à une mesure législative qui a transformé en départements français les anciennes colonies de Martinique, de Guadeloupe, de Guyane et de La Réunion en 1946[2]. Promue comme un moyen de liquider le passé colonial et d'assurer l'égalité des droits, donc l'égalité formelle entre citoyens sur l'ensemble du territoire, la départementalisation a ainsi placé au cœur de ses débats la notion d'assimilation.

À travers leurs perceptions de l'assimilation, les territoires ultramarins – et plus particulièrement ceux ayant pris le chemin de la départementalisation – offrent ainsi des clefs de compréhension de l'enjeu électoral national qu'est devenue l'immigration, qui renvoie non seulement à une peur du déclassement mais également à des enjeux identitaires et culturels. Car outre-mer, où ce terme est désormais largement contesté, l'assimilation telle qu'envisagée dans le cadre de l'universalisme républicain intrinsèquement lié au processus de départementalisation, est en porte à faux.

La République a laissé entendre à ces territoires qu'elle était une condition *sine qua non* pour accéder à son triptyque fondateur : liberté, égalité, fraternité. En adoptant la logique assimilationniste de la France, les Ultramarins ont consenti à laisser une part de leur identité propre, de leurs singularités, notamment culturelles, à la porte de la République pour que celle-ci se fasse le creuset d'une communauté française.

1 Stéphanie Guyon, « Trajectoires post-coloniales de l'assimilation », *Politix*, vol. 4, n° 116, 2016, p. 9-28.

2 Auxquelles s'est ajoutée Mayotte en 2011.

Mais l'égalité réelle promise aux Ultramarins n'est qu'une façade à la peinture écaillée : le sous-développement économique, les taux de chômage, de pauvreté ou d'illettrisme, la paupérisation, l'éducation au rabais ne sont que le croquis inachevé d'une réalité éloignée des promesses républicaines. Ils sont le témoin d'une mécanique doublement grippée, autant du côté de la République assimilationniste que de l'universalisme homogénéisant, qui aboutissent à des revendications identitaires dont le facteur relatif à la couleur de la peau ne peut être occulté. Dans un contexte d'ethnicisation de l'immigration dans les représentations sociales, ils offrent ainsi une lecture renouvelée de la question dite « noire » en France, alimentée par le désenchantement d'une égalité sociale non advenue et de l'expérience commune des discriminations, qui contribue à faire naître un sentiment d'appartenance partagé.

Si, « en France, la question raciale est vue comme lointaine » et est associée soit à un « passé reculé (…) soit à l'apartheid en Afrique du Sud ou à la ségrégation aux États-Unis »[1], elle est pourtant bien présente dans le débat public mais aussi dans l'imaginaire français. Et c'est en s'appuyant notamment sur les mémoires encore vives dans les territoires ultramarins d'un contexte esclavagiste et colonial qui a créé de toutes pièces les figures du « Noir » et du « Blanc » qu'il conviendrait d'appréhender la question identitaire en France, laquelle fait, jusqu'à présent, le jeu d'une extrême droite qui risque de gagner au tirage et au grattage.

Alors que la question « Comment faire vivre la promesse républicaine ? » se pose de manière tangible dans notre société contemporaine, les territoires ultramarins, bien souvent désignés comme des modèles de brassage des populations, nous

1 Propos recueillis par Séverine Kodjo-Grandvaux, Lilian Thuram : « Pour ne pas avoir conscience qu'il y a un privilège blanc, il faut être blanc », *Le Monde Afrique*, 1er décembre 2020.

démontrent que les principes républicains – lorsqu'ils ne sont pas fidèles à leur fonction originelle –, « n'ont pas été adaptés à une société devenue pluriculturelle[1] » et incarnent en ce sens le reflet d'une République désormais traversée par des barrières ethniques et raciales. Mais paradoxalement, par leurs revendications, par la démonstration de leurs inaltérables singularités, ces territoires souvent désignés (pour le meilleur comme pour le pire) comme les « laboratoires » de la France, ont su ébranler certaines certitudes sur le républicanisme français, son centralisme politique et son universalisme, démontrant ainsi qu'un projet politique assis sur la reconnaissance des creusets historiques des entités qui la composent est un préalable nécessaire au maintien de la concorde républicaine.

Il conviendra dans cet ouvrage de s'inspirer des précautions formulées par le chercheur Justin Daniel, tant il n'est « assurément pas aisé d'aborder la question du politique dans les sociétés d'outre-mer », caractérisées non seulement par leurs trajectoires historiques distinctes mais également par « leur extraordinaire diversité » qui fait bien souvent mentir l'expression généralisante « outre-mer »[2]. Par son penchant homogénéisant, le terme « outre-mer » lui-même est ainsi sujet à caution, tant les territoires auxquels il fait référence – s'ils partagent des traits communs liés notamment à l'histoire coloniale – se caractérisent par la diversité de leurs contextes géographiques que par une hétérogénéité aussi bien sociale, culturelle et linguistique que politique, institutionnelle et statutaire.

Si la République est désirable en tant qu'objet politique, elle qui a été porteuse des aspirations révolutionnaires qui ont métamorphosé le pays, elle qui a favorisé l'émergence d'un

---

1 Robert Castel, « Faire vivre la promesse républicaine », *Alternatives Économiques*, vol. 10, n° 262, 2007.

2 Justin Daniel, « Cadre institutionnel et vie politique outre-mer », *Pouvoirs*, vol. 2, n° 113, 2005, p. 113-123.

système de soins universel, de l'école pour tous, de la fiscalité de l'héritage, de la taxation empreinte d'équité, c'est aussi, parallèlement, en son nom qu'a pourtant pu être défendu l'ordre colonial et que sont aujourd'hui proclamées des valeurs républicaines dont on peine à percevoir la matérialité du respect de leurs principes. Seuls ces derniers, pourtant, régissent les rapports inter-individuels, là où les premières sont dominées par la subjectivité et la morale. Or, il n'y a ni liberté, ni égalité, ni fraternité sans assise matérielle.

Chapitre I

L'idée républicaine en outre-mer : entre fausses promesses et interrogations

Nombreux sont les rapports et les études venus apporter un éclairage sur la situation socio-économique des territoires ultramarins, dressant un panorama qui, tout en documentant la situation et la singularité de chaque territoire, révèle l'ampleur de la crise économique, sociale et sociétale qui, loin d'être nouvelle, s'est peu à peu enkystée à des milliers de kilomètres de la capitale française où se prennent, pourtant, les principales décisions affectant les millions de citoyens résidant outre-mer.

Du droit à la santé au droit à un environnement sain en passant par celui à l'éducation, les données qui y sont évoquées sont un condensé des artères entravées d'une République venant nourrir un sentiment de déclassement. Ce sentiment, s'il n'est pas propre aux populations ultramarines mais pèse au contraire sur des millions de Français, contraints de s'en remettre à des primes ou des allocations face aux difficultés économiques et sociales auxquelles ils sont confrontés, peut offrir des clés de compréhension du phénomène observable de glissement de la citoyenneté vers l'identité.

La vie chère en outre-mer, carburant de bien des ressentiments

Alors même qu'en 1946, la promulgation de la loi de départementalisation permet aux quatre anciennes colonies de Guyane, Martinique, Guadeloupe et La Réunion[1], devenues des départements français, d'obtenir l'égalité institutionnelle, les conditions socio-économiques entre la France hexagonale et cette France ultramarine demeurent, aujourd'hui encore, très inégales[2]. La survivance de ce fossé économique se traduit en premier lieu par des taux de pauvreté et, *a fortiori*, de grande pauvreté[3], particulièrement élevés, surtout lorsqu'ils sont mis en regard avec ceux à l'œuvre à l'échelle hexagonale.

L'ampleur de la pauvreté dans les territoires ultramarins a longtemps été sous-estimée, notamment parce que, jusqu'en 2020, les taux de pauvreté y étaient calculés à partir du niveau de vie médian local, et non du seuil national de pauvreté (fixé à 60 % du niveau de vie médian national). Cette méthode réduisait artificiellement les taux observés. L'application d'un seuil national commun a révélé l'ampleur réelle des écarts : alors que 15 % de la population hexagonale vivait sous ce seuil, les taux atteignaient 53 % en Guyane et jusqu'à 77 % à Mayotte, contre respectivement 23 % et 42 % si l'on conservait les seuils locaux[4].

---

1 Mayotte obtiendra le statut de département en 2011, devenant ainsi le 5e département d'outre-mer.

2 Clément Dherbécourt et Clément Peruyero, « Naître en outre-mer : de moindres opportunités que dans les autres régions de France », France stratégie, n° 137, mai 2024.

3 L'Insee indique qu'une personne est en situation de grande pauvreté si elle est à la fois en situation sévère de pauvreté monétaire (niveau de vie inférieur à 50 % du niveau de vie médian français) et de privation matérielle et sociale (au moins 7 privations sur 13). La pauvreté, elle, se définit par une pauvreté monétaire à 60 % du niveau de vie médian et/ou au moins cinq privations matérielles et sociales sur 13, hors grande pauvreté.

4 « Une pauvreté marquée dans les DOM, notamment en Guyane et à Mayotte »,

A fortiori, la grande pauvreté est cinq à quinze fois plus fréquente dans les territoires ultramarins[1] : près de 18 % des Français concernés par la grande pauvreté résident ainsi en Guadeloupe, en Martinique, en Guyane et à La Réunion. Elle y est également plus intense, le niveau de vie des personnes se trouvant dans cette situation y étant plus faible.

Si les proportions diffèrent, les catégories de personnes principalcment impactées par cette situation de grande pauvreté sont les mêmes quel que soit leur lieu de résidence sur le territoire national : les familles monoparentales, les personnes seules et les foyers regroupant plusieurs familles ou générations. La Guyane et La Réunion comptaient ainsi respectivement 32 % et 24 % de familles monoparentales confrontées à une telle situation, quand ce chiffre s'élevait à 5 % dans l'Hexagone[2].

Si les chiffres précédemment évoqués peuvent être éloquents, il faut toutefois rappeler que la pauvreté ne s'apprécie pas uniquement au regard de critères monétaires abstraits mais s'évalue également selon les conditions de vie, indissociables du pouvoir d'achat. Tandis que ce dernier se maintient en tête des préoccupations du pays, 45 % des Français l'ayant mentionné comme l'une des trois causes de motivation de leur vote aux élections européennes de juin 2024[3], devant l'immigration ou l'écologie, il est élevé au rang de priorité depuis déjà des décennies dans les territoires ultramarins français.

Ainsi que mentionné en introduction, la « vie chère » y est un phénomène historique, qui perdure, et qui se traduit par des prix à la consommation qui ne sont en rien comparables

---

Insee, n° 1804, 1er juillet 2020.

1 « La grande pauvreté bien plus fréquente et beaucoup plus intense dans les DOM », Insee, n° 270, 11 juillet 2022.

2 *Ibid.*

3 Sondage de l'Institut Elabe pour BFM le 10 juin 2024.

avec ceux pratiqués sur le territoire hexagonal, qu'il s'agisse du secteur de l'alimentation, du logement, de la téléphonie ou des transports.

Si l'on se concentre sur le seul volet alimentaire, qui constituait d'ailleurs le cœur des revendications exprimées lors du mouvement de contestation martiniquais de septembre 2024, la situation est particulièrement préoccupante. L'écart persistant entre les prix pratiqués outre-mer et ceux observés dans l'Hexagone alimente un profond sentiment d'injustice économique. Cette fracture tarifaire pèse lourdement sur le pouvoir d'achat des ménages, en particulier les plus modestes. Le décalage est tel qu'il suscite régulièrement des appels à un alignement des prix avec ceux de l'Hexagone.

Certaines clés de compréhension visant à permettre d'appréhender les dessous de cette « vie chère » sont régulièrement citées au travers de facteurs géographiques, tels que l'insularité ou l'éloignement vis-à-vis de l'Hexagone, mais aussi de dispositifs spécifiques, à l'image du complément de rémunération appliqué aux fonctionnaires exerçant outre-mer et communément désigné comme une « sur-rémunération », mais également de l'octroi de mer, une taxe spécifique aux territoires de Guadeloupe, de Guyane, de Martinique, de La Réunion et, depuis 2014, de Mayotte.

Le premier s'appliquait initialement aux fonctionnaires issus de l'Hexagone venus exercer outre-mer mais a été progressivement élargi, en premier lieu aux fonctionnaires ultramarins. Cet élargissement des bénéficiaires du complément de rémunération, qui pouvait s'apparenter à une mesure d'égalité sociale, a pu progressivement se retrouver taxée d'être devenue partie prenante d'une segmentation de la population, entre ceux bénéficiant de revenus élevés du fait de ce complément de rémunération et ceux n'en bénéficiant pas. Quant à l'octroi de mer, qui a connu de nombreuses modifications mais dont l'origine remonte au XVIIe siècle, il visait initialement à taxer les produits importés dans les territoires d'outre-mer afin de favoriser l'essor de la production locale face à la concurrence exogène tout en constituant un outil d'autonomie financière au service des collectivités locales. Le droit communautaire a rendu nécessaire une réforme de cette imposition, qui ne pesait initialement que sur les produits importés. Elle a ainsi été étendue aux biens produits localement, mais la réglementation européenne reconnaît néanmoins aux outre-mer le droit d'appliquer des exonérations, notamment grâce à un dispositif de différentiel de taux, aux productions locales en fonction des besoins économiques des territoires. Au fil des années, ont émergé des critiques pointant un manque de lisibilité croissant ainsi que la multiplication des taux et exonérations appliqués aux produits – qui sont à ce jour fixés par les conseils régionaux ou, dans le cas de la Guyane et de la Martinique, les collectivités territoriales uniques – mais également un usage peu à peu détourné de l'objectif principal de l'octroi de mer : celui de la protection de la production locale.

Si ces deux dispositifs sont fréquemment cités dans le cadre des débats autour de la cherté des produits du quotidien dans les territoires ultramarins, car objets réguliers de controverses, ils servent également, dans une certaine mesure, de cache-misère aux effets inflationnistes imputables à des échanges commerciaux essentiellement conclus avec l'Hexagone, au détriment du commerce régional, et à un secteur économique caractérisé par la prédominance de structures oligopolistiques. Comment expliquer ainsi qu'aux Antilles, les « békés », la population blanche descendant des premiers colons esclavagistes, alors même qu'ils représentent moins de 1 % de la population, possèdent la moitié des terres agricoles et dominent le secteur de l'import-distribution et des industries agroalimentaires[1] ?

La volonté de rompre avec ce « cordon ombilical économique[2] » n'est d'ailleurs pas nouvelle, la loi sur la régulation économique outre-mer votée en 2012 ayant placé au cœur de ses préoccupations la nécessité d'accroître la concurrence dans les départements et les collectivités d'outre-mer. Pourtant, en 2024, l'Hexagone restait le principal fournisseur et client des départements et régions d'outre-mer : à titre illustratif, plus de 70 % des importations de la Martinique provenaient cette année-là de l'Hexagone[3], laquelle captait également 71 % des exportations du territoire martiniquais[4].

Dénoncé de longue date, ce schéma de captivité économique, doublé d'une autonomie alimentaire freinée par une dépendance aux importations, profite directement au capitalisme mondialisé, du fait notamment d'un changement des habitudes de consommation, détournant les régimes alimentaires ultramarins des productions locales au bénéfice d'une « consommation mondialisée ultra-transformée et très riche en calories[5] ». Les premières victimes de cette « uniformisation des goûts [qui] favorise les importations de produits associés à l'alimentation mondialisée[6] », notamment les fast-foods, sont les populations socio-économiques défavorisées, qui se retrouvent, de fait, plus exposées aux risques de diabète

1 Jean-Christophe Gay, « Les multiples facettes des outre-mer », *Cahiers français*, vol. 3, n° 433, 2023, p. 16-23.

2 Jean-Christophe Gay, « L'outre-mer en marge, les marges de l'outre-mer », *Bulletin de l'Association de géographes français*, 2017.

3 70,8 % (hors produits pétroliers) selon le rapport annuel économique 2024 de l'Institut d'émission des départements d'outre-mer.

4 *Ibid.*

5 Estelle Youssouffa et Marc Le Fur, « L'autonomie alimentaire des outre-mer », Assemblée nationale, Rapport d'information, n° 1502, 2023.

6 *Ibid.*

et d'obésité car contraintes de se tourner davantage vers une alimentation largement importée et de qualité moindre mais bien souvent plus accessible financièrement.

Un système sanitaire esseulé par manque de moyens

Le droit à la santé, reconnu par le Conseil constitutionnel comme un objectif de valeur constitutionnelle[1], est une autre composante essentielle du pacte républicain, qui découle des principes d'égalité et de fraternité.

Pourtant, le système de santé français est marqué par un creusement des inégalités territoriales d'accès aux soins, qui se traduit par un processus de dégradation, parfois même de rupture, de l'accès aux soins. Alors que le sujet de la désertification médicale est un sujet de préoccupation majeur dans un contexte de transformation de la pyramide des âges, et, en conséquence, des besoins en matière d'accompagnement médical, certains territoires ultramarins reflètent les importantes disparités en matière d'accès aux soins auxquelles le territoire français est confronté. Depuis déjà des années, Mayotte est ainsi le premier désert médical de France, entraînant en conséquence un phénomène important de renoncement aux soins sur l'île : 45 % des habitants de plus de 15 ans étaient concernés en 2019[2].

Le cas mahorais est particulièrement illustratif du cheminement entravé des territoires ultramarins vers le droit commun de la République. Un régime exorbitant du droit commun,

1 Conseil constitutionnel, DC n° 2003-448, 23 juillet 1999.

2 Catherine Deroche, Jean-Luc Fichet, Dominique Théophile et Laurence Cohen, « Mayotte : un système de soins en hypertension », Sénat, Rapport d'information, Commission des affaires sociales, n° 833, 2022.

qui renforce les inégalités, continue en effet de s'y appliquer. À titre d'illustration, la complémentaire santé solidaire ne s'applique que depuis le 1er janvier 2024 et Mayotte reste l'unique département français où aucune aide médicale d'État n'est reconnue aux personnes en situation irrégulière.

L'aide médicale d'État, un dispositif de prise en charge des soins pour les personnes étrangères en situation irrégulière, créé en 1999, est par ailleurs le bouc émissaire de longue date d'une partie de la classe politique nationale qui appelle à l'adoption de mesures de plus en plus restrictives à l'égard des personnes migrantes et qui voient en ce dispositif, qui garantit une prise en charge des soins aux personnes qui en ont besoin pour d'évidentes raisons éthiques, de santé publique et de respect de la dignité humaine, un appel d'air migratoire.

Lors de la départementalisation de Mayotte en 2011, la Haute autorité de lutte contre les discriminations et pour l'égalité avait d'ores et déjà dénoncé les discriminations et les atteintes graves au droit à la santé à Mayotte. Non seulement le refus d'appliquer l'aide médicale d'État à Mayotte est, entre autres, une violation manifeste des principes énoncés par la Convention internationale des droits de l'enfant, mais, au regard de la situation d'extrême précarité de la population, en situation régulière ou non, comment est-il entendable, dans une République dont les valeurs s'appuient notamment sur un modèle social hérité du Conseil national de la Résistance, de refuser à ceux qui en ont le plus besoin une protection liée à la prise en charge de leurs soins de santé ?

En arguant que la mise en œuvre de nouvelles prestations, et notamment celle de l'aide médicale d'État, risquerait de se traduire par un appel d'air qui aggraverait l'immigration irrégulière, le gouvernement de l'époque plaçait la responsabilité d'une République amputée à Mayotte sur le dos de l'étranger. Véritable laboratoire pour la politique migratoire française, l'exception mahoraise nourrit de longue date les relents racistes et xénophobes de l'extrême droite française, qui, s'appuyant sur l'exemple de Mayotte, prône depuis longtemps la suppression de l'aide médicale d'État sur l'ensemble du territoire national. Elle propose de la remplacer par une aide médicale d'urgence au périmètre et aux modalités d'accès bien plus limités, y voyant non pas une atteinte grave aux principes d'humanité et d'égalité d'accès aux soins dans notre pays, mais le moyen de réguler les dépenses publiques d'un système de santé dont les excès sont attribués à tort à une population étrangère.

Alors que l'aide médicale d'État ne coûte que près d'un milliard d'euros par an, ce qui ne représente que 0,5 % des dépenses publiques de santé, qui s'élèvent à plus de 313 milliards d'euros annuellement, peut-on réellement croire que ce sont les bénéficiaires de cette aide éthique et de respect de la dignité humaine qui creuse les déficits publics ?

Mayotte est certes le premier désert médical de France, mais elle reflète de manière exacerbée une réalité déjà bien connue d'une part importante de la population hexagonale, dont une part croissante est concernée par le phénomène de désertification médicale, favorisant le renoncement à des soins médicaux[1]. Et renoncer au droit de chacun à être soigné, c'est renoncer à une certaine idée de la République.

La restriction de l'accès des étrangers aux soins que constituerait l'adoption d'une aide médicale d'urgence, au détriment d'une aide médicale d'État centrée sur la prévention et l'anticipation, ne pourrait que conduire à une prise en charge tardive d'états de santé plus dégradés, conduisant à des soins plus onéreux et à une mise en danger de la santé publique de l'ensemble de la population, peu importe la nationalité, la

1 Bruno Rojouan, « Rétablir l'équité territoriale en matière d'accès aux soins : agir avant qu'il ne soit trop tard », Sénat, Rapport d'information, Commission de l'aménagement du territoire et du développement durable, n° 589, 2022.

couleur de peau et la régularité de présence sur le sol français. L'exemple mahorais démontre que l'absence d'aide médicale d'État[1], couplée à une désertification médicale dramatique, a donné lieu à l'aggravation de l'état de santé de certaines populations mais aussi à la réapparition de certaines maladies comme le scorbut ou le choléra[2].

Les débats récurrents autour d'un resserrement de l'aide médicale d'État sont donc le reflet d'un débat davantage idéologique qu'économique qui s'abreuve des tensions qui traversent une société française confrontée à la disparition et à la dématérialisation progressive des services publics, à l'impasse de la désertification médicale, et à la précarisation de l'accès aux minima sociaux. Conjugués, ces maux caractérisent un affaissement généralisé de la qualité de vie du Français dit « moyen » et des classes populaires, et alimentent un discours où violence, déclassement et immigration sont amalgamés et associés au visage de l'étranger.

Des diligences sanitaires lacunaires qui créent la défiance

Pessimisme et défiance généralisée étaient ainsi les maîtres mots des enseignements à tirer de l'édition 2025 du Baromètre de la confiance politique du Cevipof, qui révélait que 74 % des Français déclaraient ne pas se fier à la politique. Cette tendance prolonge les constats de l'édition 2024, qui soulignait déjà un sentiment croissant d'injustice et d'asymétrie du système politique et social français. Cette baisse générale du

1 Seuls les soins urgents et vitaux peuvent y faire l'objet d'une prise en charge totale ou partielle par l'État.

2 « Migration, santé et soins médicaux à Mayotte », Agence française de développement, n° 90, janvier 2010.

niveau de confiance dans les institutions dépasse les frontières hexagonales. Elle s'est construite et renforcée outre atlantique en réaction, notamment, à des politiques publiques sanitaires délétères dont les prémices remontent à plusieurs décennies mais dont les conséquences multidimensionnelles sont encore très actuelles.

Paris a ainsi longtemps ignoré les alertes émises par l'Organisation mondiale de la santé (OMS) dès la fin des années 1970 sur les dangers du chlordécone, un pesticide extrêmement toxique, qualifié dès 1979 de « cancérigène possible » par l'OMS, mais qui restera massivement utilisé jusqu'en 1993 dans les bananeraies de Guadeloupe et de Martinique, alors même que son utilisation sera interdite trois ans plus tôt dans l'Hexagone.

En quelques mots, Fred Constant parvenait à résumer l'ampleur des conséquences de ce laxisme aux allures capitalistes sur les territoires antillais et leurs populations, pointant la consommation de produits contaminés dans la durée qui « augmente la fréquence des naissances prématurées », entraîne des « perturbations neurologiques des enfants et des retards dans leur développement cognitif », mais favorise également des « cancers de la prostate, dont le taux de prévalence en Martinique et en Guadeloupe est le plus élevé au monde »[1]. En 2018, les résultats d'une étude destinée à objectiver l'imprégnation de la population antillaise révélaient que 92 % des Martiniquais et 95 % des Guadeloupéens présentaient des niveaux détectables de chlordécone dans le sang[2], l'utilisation du pesticide ayant entraîné une pollution aussi bien des sols

1 Fred Constant, « Emmanuel Macron et "l'Autre France" : des irritants du passé récent aux défis du futur proche », *Revue Esprit*, n° 505-506, janvier-février 2024.

2 Clémentine Dereumeaux *et al.*, « Imprégnation de la population antillaise par la chlordécone et certains composés organochlorés en 2013-2014 : étude Kannari », 2018.

que de l'eau des rivières ou du milieu marin qui se retrouve encore dans des denrées d'origine animales ou végétales, mais également dans l'eau de certaines sources.

À l'inertie coupable des pouvoirs publics aux Antilles dans ce qu'il est désormais convenu de désigner comme le scandale du chlordécone, il faut ajouter la considération relative accordée par les pouvoirs publics à ce qui sera peut-être, demain, le scandale du mercure en Guyane.

Des taux d'imprégnation mercurielle cinq fois plus élevés que les recommandations de l'European Food Safety Authority y ont été décelés en 2024 dans le cadre d'une campagne de dépistage relative à la contamination au mercure réalisée auprès des habitants de plusieurs villages du Haut Maroni en Guyane, menée par un laboratoire japonais spécialisé et mandaté par des associations agissant dans les domaines de la protection de l'environnement et de la défense des Amérindiens. S'ils sont alarmants, ces résultats ne sont pas pour autant surprenants : les effets néfastes, voire mortifères, de l'exploitation aurifère illégale, également appelée « orpaillage », qui mine la Guyane depuis des décennies sont connus de longue date.

Le mercure est un métal naturel que l'on retrouve dans l'air, l'eau et les sols et qui peut être toxique lorsqu'il est rejeté dans l'environnement. Il émane à la fois de processus naturels et d'activités humaines.

Depuis la fin du XIXe siècle, les activités d'orpaillage menées en Guyane sont justement à l'origine de rejets de mercure dans l'environnement. Sur ce territoire, la population se concentre principalement sur la bande littorale et les marges fluviales du Maroni, à l'ouest, et de l'Oyapock, à l'est, et fait face aux conséquences sanitaires et environnementales des exploitations illégales d'orpaillage. Le mercure est en effet massivement utilisé pour séparer l'or du minerai, notamment pour récupérer les particules d'or les plus fines. Il est rejeté dans l'environnement, soit directement lors de la création ou de la distillation de l'amalgame or-mercure, soit indirectement du fait de l'érosion et du lessivage des sols. Ainsi, selon le Fonds mondial pour la nature (WWF), les orpailleurs utilisent en moyenne 1,3 kg de mercure pour récupérer 1 kg d'or.

Cette pollution environnementale se répercute directement sur les populations locales, tributaires des ressources forestières et aquatiques. Les conséquences sont lourdes, transversales et documentées, d'autant plus qu'en Guyane, le poisson occupe une place prépondérante dans l'alimentation des populations, notamment pour celles vivant le long des fleuves Maroni et Oyapock, en particulier pour les populations amérindiennes et d'autant plus pour les populations socio-économiquement défavorisées, pour qui la pêche constitue un moyen de subsistance essentiel.

En 1998, une étude de l'Institut national de la santé et de la recherche médicale sur les risques neurotoxiques mettait déjà en évidence les effets sur les jeunes enfants d'une exposition au mercure, pouvant générer des troubles neurologiques et des problèmes sanitaires. Une exposition prénatale peut en outre générer une atteinte au système nerveux en développement et aboutir, notamment, à des malformations à la naissance.

Pourtant, près d'un demi-siècle après les premières alertes, le Haut Conseil de la santé publique rappelait encore en 2021 que la lutte contre l'orpaillage illégal, source majeure de contamination des sols, des eaux et des chaînes alimentaires, demeurait une priorité de santé publique. Un rappel d'autant plus alarmant à la lumière des résultats du dépistage mené en 2024 en Guyane, qui confirment que cette menace est loin d'avoir été endiguée.

Les carences du système éducatif, véritable plafond de verre pour la jeunesse ultramarine

Les territoires de Mayotte et de la Guyane sont ici particulièrement concernés, en raison d'un point commun déterminant : une croissance démographique soutenue, essentiellement portée par des indices de fécondité et des taux de natalité nettement plus élevés que la moyenne nationale. En Guyane, la population totale a ainsi connu une hausse de 30 % en dix ans, entre 2009 et 2019[1]. La conséquence la plus évidente est celle d'une augmentation marquée des effectifs scolaires : entre 2012 et 2022, dans le premier et le second degré, le nombre d'élève a ainsi été marqué par une progression de 16 % en Guyane[2], tandis qu'à Mayotte, « les effectifs scolaires représentent 35 à 40 % de la population, contre une moyenne nationale de 18 %[3] ».

Selon la sociologue Dominique Schnapper, « l'école commune à tous est l'institution de la République par excellence[4] », au sein de laquelle « les élèves, comme les citoyens, sont traités de manière égale, indépendamment de leurs caractéristiques familiales et sociales[5] ». Ainsi que le rappelle l'historien Alain Michel[6], depuis Condorcet, l'école a en effet été considérée comme une institution « essentielle à la constitution de la

1 « En Guyane, tous les enfants n'ont pas accès à l'école », *Outre-mer la 1ère* avec *AFP*, 5 septembre 2022.

2 Géraldine Bannier et Jérôme Legavre, « Évaluation de la loi n° 2019-791 du 26 juillet 2019 pour une école de la confiance », Assemblée nationale, Commission des affaires culturelles et de l'éducation, Rapport d'information, n° 1331, 2023.

3 *Ibid.*

4 Dominique Schnapper, « L'école, vecteur des valeurs de la République », *Le Monde*, 24 novembre 2014.

5 *Ibid.*

6 Alain Michel, « École républicaine et école démocratique », *Humanisme*, vol. 4, n° 283, 2008, p. 29-36.

République », qui doit « former l'homme et le citoyen, développer sa capacité de jugement et son autonomie ».

Mais quel sens donner à « l'école de la République », désignée comme priorité nationale[1] et bien souvent au cœur des politiques publiques, dont la « mission première [est de faire] partager aux élèves les valeurs de la République[2] », alors même qu'elle semble, et ce, notamment au travers du prisme ultramarin, perpétuer les inégalités qu'elle prétend combattre et, *de facto*, impacter le sentiment d'appartenance collective à la société ?

Si, dans les territoires ultramarins comme pour l'ensemble du territoire national, l'éducation est un droit pour chaque enfant, de fortes disparités d'accès à la scolarisation y sont à l'œuvre, bien qu'il faille reconnaître que face au défi démographique et aux besoins de scolarisation consécutifs, sur le long terme des progrès importants ont pu être réalisés. Le nombre d'enfants scolarisés à Mayotte a ainsi été multiplié par dix entre 1980 et 2020[3].

Ces disparités sont renforcées par une forme d'invisibilisation des enfants concernés, conséquence de l'absence d'institution ou de dispositif national qui serait chargé du dénombrement des enfants éloignés de l'école, ainsi que de données nationales concernant le nombre d'enfants non-scolarisés.

L'UNICEF France a souligné cette carence en revenant sur une étude conjointe menée en 2022-2023 par l'Insee et le rectorat de Guyane. Les résultats illustraient l'absence de méthode de recensement unifiée : l'Insee recensait 5 898 enfants non-scolarisés, contre 2 282 pour le rectorat, tandis que

1 Code de l'éducation, article L. 111-1.

2 Loi n° 2005-380 du 23 avril 2005 d'orientation et de programme pour l'avenir de l'école.

3 Géraldine Bannier et Jérôme Legavre, « Évaluation de la loi n° 2019-791 du 26 juillet 2019 pour une école de la confiance », *op. cit.*

l'UNICEF avançait en 2021 le chiffre de 10000 enfants[1], en s'appuyant sur des données de la Cour des comptes.

Aux inégalités d'accès à la scolarisation s'ajoutent celles qui se manifestent au sein même de l'éducation et favorisent la déscolarisation. Ce constat transparaît au travers de l'étude publiée en 2017 par la Commission nationale consultative des droits de l'homme (CNCDH) sur l'effectivité des droits de l'Homme dans les outre-mer[2], qui part du constat que toute scolarité normale, indissociable de l'égalité des chances que l'école est supposée assurer, est subordonnée à l'accès par chaque élève à des conditions matérielles adéquates. La Commission relevait alors que ces conditions n'étaient manifestement pas assurées, en Guyane et à Mayotte particulièrement, « en raison principalement d'un double déficit structurel en équipements scolaires et en personnels qualifiés, conduisant à l'exclusion persistante d'une partie des enfants du système scolaire ».

Dans les deux territoires susmentionnés, l'insuffisance des infrastructures scolaires et leur répartition inadéquate sont ainsi un facteur majeur d'une scolarisation en pointillé, les établissements étant en conséquence fréquemment surchargés. À titre d'illustration, à Mayotte, depuis 2008, pour compenser le manque de locaux dans le premier degré, ceux-ci sont utilisés selon un principe de rotation des salles de classe, c'est-à-dire deux fois dans une même journée pour deux classes différentes avec deux équipes éducatives qui enseignent à tour de rôle le temps d'une demi-journée. Face à des rythmes scolaires qui s'en retrouvent disloqués, le Défenseur des droits dénonçait

1 « Grandir dans les outre-mer État des lieux des droits de l'enfant », UNICEF, Rapport, novembre 2023.

2 « Avis sur l'effectivité du droit à l'éducation dans les outre-mer, regard particulier sur la Guyane et Mayotte », CNCDH, 6 juillet 2017.

« une atteinte au droit à l'éducation et une rupture d'égalité avec les élèves » de l'Hexagone[1].

En 2021, l'UNICEF sonnait également l'alarme sur l'insuffisance d'infrastructures scolaires en Guyane, conduisant à des taux de remplissage pouvant atteindre jusqu'à 150 % dans certains établissements[2]. Par ailleurs, la question des transports scolaires y est également particulièrement problématique, tant les distances, la durée, le coût, voire la dangerosité des transports scolaires peuvent représenter des facteurs majeurs d'absentéisme et de décrochage. Ainsi que le souligne la sociologue Alexandra Vié, « il suffit de se promener dans les villes et les villages de Guyane aux heures d'entrée et de sortie scolaire pour comprendre que la question des transports scolaires est un enjeu dans l'accès à la scolarisation[3] ».

Elle cite notamment l'exemple particulièrement éclairant de la commune guyanaise de Maripasoula, dont les quelque 18700 km² en font la plus grande de France. Bordée par le fleuve Maroni qui la sépare du Suriname et du Brésil, cette terre d'Amazonie française se caractérise, du fait de son étendue, par une population qui y est inégalement répartie, entre d'un côté un bourg densément peuplé et de l'autre des villages ruraux situés à plusieurs heures de navigation[4]. Du fait de l'absence de cars scolaires et d'infrastructures routières presque inexistantes, des pirogues passent de village en village pour récupérer les enfants et les conduire dans les établissements scolaires.

1 « Établir Mayotte dans ses droits », Défenseur des Droits, Rapport, 2020.

2 « Guyane : les défis du droit à l'éducation », UNICEF France, Rapport, 2021.

3 Alexandra Vié, « Quand recherche et pédagogie se croisent : étudier les chemins de l'école à Maripasoula en Guyane française », *La nouvelle revue – Éducation et société inclusives*, vol. 3, n° 83-84, 2018, p. 165-182.

4 *Ibid.*

Mais tandis que dans le bourg de la commune, une seule ligne de pirogue publique est effective et que des moyens de transport alternatifs et privés existent parallèlement, à l'image des taxis collectifs, ceux-ci représentent un coût important pour les familles (un simple aller en taxi collectif coûte entre deux et cinq euros par personne). D'autres font parfois le choix d'investir dans des pirogues privées pour venir pallier les manquements d'un service public lacunaire.

Comprendre les mécanismes du désavantage scolaire des jeunes natifs d'outre-mer est un enjeu tout aussi décisif pour les politiques publiques, notamment en matière de justice sociale, que pour le développement économique de ces territoires, dont les taux de chômage viennent régulièrement nourrir les critiques et stéréotypes de territoires jugés coûteux pour l'État français.

En effet, ces disparités en matière d'accès effectif à l'éducation aboutissent à un moindre niveau de formation initiale des jeunes ultramarins, les enfants dépourvus de solides acquis fondamentaux se retrouvant ensuite largement démunis sur le marché du travail. En 2014, Claude-Valentin Marie faisait ainsi le constat que l'échec scolaire, « à la fois conséquence et cause de précarité économique », et l'illettrisme qui en constitue bien souvent le compagnon de route, « pèsent sur le niveau de qualification de la population active et constituent un frein majeur au développement »[1]. Les taux de chômage parlent d'eux-mêmes : s'il reste inférieur à 10 % à l'échelle de la France hexagonale[2], ce n'est le cas dans aucun des départements et régions d'outre-mer, Mayotte restant le territoire le plus touché.

---

1 Claude-Valentin Marie, « Contrepoint : le défi de l'illettrisme et de l'échec scolaire dans les départements d'outre-mer », *Informations sociales*, vol. 6, n° 186, 2014, p. 125.

2 Selon les chiffres de l'Insee, le taux de chômage au dernier trimestre 2024 s'établissait à 7,2 % en France hexagonale. En Guadeloupe, Martinique, Guyane et à La Réunion, ils atteignaient respectivement 18,7 %, 10,3 %, 17,8 % et 17,5 %. Il a atteint 37 % en 2023 à Mayotte.

S'il existe, bien sûr, des différences d'une période à l'autre et d'un territoire à un autre, il est fréquemment rappelé que ces économies demeurent globalement très exposées au sous-emploi[1]. La jeunesse en est la victime collatérale : à titre d'illustration, ils étaient, aux Antilles, deux fois plus nombreux qu'en France hexagonale à n'être ni en emploi, ni en études, ni en formation entre 2015 et 2019[2]. En conséquence, ces éléments peuvent favoriser la marginalisation et *a fortiori* le glissement vers la délinquance. Ainsi, la déscolarisation parfois très précoce à Mayotte entraîne une population de jeunes non ou faiblement diplômés à expérimenter « au mieux des petits boulots, au pire du chômage et de l'errance[3] ».

La méritocratie, indéniable faux nez du maintien de la domination de classe

Ces disparités d'accès à la scolarisation et à l'éducation soulèvent des interrogations qui s'émancipent du seul cadre ultramarin : la société française est-elle en mesure d'offrir à chacun les mêmes chances de réussite ? L'école accomplit-elle sa mission émancipatrice ? En filigrane, ce sont donc les enjeux de la mobilité sociale et, *a fortiori*, de ce que nous qualifions de « mythologique » méritocratie qui se retrouvent invoqués.

Plus que jamais, le constat posé par la philosophe Chantal Jaquet, selon qui « la méritocratie est une fiction », se trouve

1 Yannick L'Horty, « La persistance du chômage ultramarin : un problème aux causes multiples », *Revue française des affaires sociales*, vol. 4, 2014, p. 114-135.

2 « En Guadeloupe, un quart des jeunes de 15 à 29 ans ne sont ni en emploi, ni en études, ni en formation », Insee, n° 63, 19 janvier 2023. 27,3 % des jeunes de 15 à 29 ans étaient concernés en Guadeloupe, 25,6 % en Martinique, contre 13,3 % en Hexagone.

3 Nicolas Roinsard, « Une jeunesse en insécurité », *Plein droit*, vol. 1, n° 120, 2019, p. 32-35.

corroboré[1]. La méritocratie véhicule en effet l'idée selon laquelle la position de chacun dans la société viendrait sanctionner ou récompenser les qualités et les efforts personnels, faisant ainsi de la mobilité sociale une responsabilité individuelle et de l'immobilisme de ceux restés en bas de l'échelle sociale un échec qu'ils ne pourraient imputer qu'à eux-mêmes.

La méritocratie « prétend ainsi que les élèves sont placés à égalité devant l'accès au savoir prodigué par l'école unique, et que l'école conduirait naturellement à sélectionner les "meilleurs" indépendamment de leur classe sociale[2] » : pourtant, sept enfants sur dix, qu'ils soient issus de la classe ouvrière ou de la classe bourgeoise, reproduisent le même schéma social que leurs parents[3]. Moins d'un jeune sur dix issu des 70 % des ménages les moins aisés entre en master, tandis que plus d'un tiers des étudiants en master sont issus des 10 % des ménages les plus aisés[4].

La vitalité des mécanismes de reproduction sociale n'est plus à démontrer et des auteurs tels que le sociologue Paul Pasquali ont mis en exergue les difficultés à franchir les frontières sociales « érigées et défendues » par les classes dominantes[5].

Ces données sont le rappel implacable que la méritocratie ne peut s'extraire d'une lecture classiste ou sociale, les résultats des élèves étant indéniablement influencés par leur milieu

1 ÉLUCID, « Réussir en partant de rien ? : la réalité du phénomène transclasse – Chantal Jaquet », YouTube, 16 mars 2024.

2 Prune Helfter-Noah, « L'échec de la mission émancipatrice de l'école doit nous conduire à remettre en cause le mythe de la méritocratie », *Le Monde*, 21 mars 2023.

3 ÉLUCID, « Réussir en partant de rien ? : la réalité du phénomène transclasse – Chantal Jaquet », *op. cit.*

4 BLAST, « Pourquoi la méritocratie n'existe pas », YouTube, 26 décembre 2023.

5 Paul Pasquali, *Héritocratie : les élites, les grandes écoles et les mésaventures du mérite (1870-2020)*, Paris, La Découverte, 2021.

social d'origine : quelles que soient les dispositions d'un enfant à sa naissance, elles resteront lettre morte si elles ne sont pas cultivées. Dès lors, réussit-on réellement par la force de son mérite ? « Le développement de la puissance d'agir et de penser de l'enfant est néanmoins fonction de celle dont dispose sa famille et sa classe d'origine » affirme Chantal Jaquet[1].

Aux taux de chômage et de pauvreté systématiquement plus élevés dans les territoires ultramarins que dans l'Hexagone, il faut ajouter des difficultés de mobilité liées notamment à un réseau de transports collectifs largement perfectible – particulièrement pour les territoires doublement insulaires[2] –, des conditions matérielles inadaptées du fait d'infrastructures régulièrement pointées du doigt pour leur vétusté, des coupures d'eau ou encore des températures nuisibles à la concentration des élèves. En résultent des jours de classe perdus, rarement rattrapés.

Dans l'idéal méritocratique, des disparités survivent ainsi au sein même des milieux dont les enfants sont les mieux pourvus sur la ligne de départ, démontrant dès lors que la réalité de donner des chances égales n'existe pas. Cela est d'autant plus vrai pour les populations ultramarines. Comment accepter qu'à origine sociale comparable, les personnes originaires des Antilles ou de La Réunion auraient « 20 % à 25 % de chances en moins d'obtenir un diplôme du supérieur, environ 12 % de chances en moins d'accéder à l'emploi, et 35 % à 45 % de chances en moins d'occuper un poste de cadre[3] » ?

---

1 Chantal Jaquet, « La méritocratie ou l'envers de la démocratie », *AOC*, 30 novembre 2018.

2 Dans un rapport publié en 2023, « Services publics aux Antilles : garantir l'accès aux droits », le Défenseur des droits pointait le cas singulier des habitants des îles de Guadeloupe (Marie-Galante, les Saintes et la Désirade), où l'absence d'établissement du secondaire oblige les élèves à prendre le bateau pour poursuivre leur scolarité, avec un coût de transport particulièrement élevé.

3 Clément Dherbécourt et Clément Peruyero, « Naître en outre-mer : de

Enfin, il s'agirait d'élargir le spectre sous lequel envisager la méritocratie en lui accolant une lecture que l'on pourrait qualifier d'ethno-raciale : une étude menée récemment par les sociologues Mathieu Ichou et Ugo Palheta[1] révélait ainsi qu'à caractéristiques équivalentes, les Françaises et les Français dont les parents sont originaires d'Afrique ou d'outre-mer subissent de fortes pénalités salariales par rapport aux enfants de natifs. S'appuyant sur des données recueillies de 2005 à 2018 dans le cadre d'enquêtes sur l'emploi menées par l'Insee, les chercheurs ont ainsi pu pointer des écarts de salaires nets mensuels significatifs : à caractéristiques équivalentes, un homme dont les parents sont nés outre-mer, touche un salaire minoré, en moyenne, de 328 euros par rapport à un salarié dont les parents sont nés en France hexagonale. Pour les femmes, la moyenne de cet écart s'élève à 131 euros.

Les fables libérales recyclant les « quand on veut, on peut » à toutes les sauces sont ainsi d'autant plus indécentes à distiller auprès d'un public ultramarin que les élèves de ces territoires cumulent disparités d'accès à l'éducation et « inégalités sociales, raciales et genrées[2] ».

Loin de l'idéal démocratique selon lequel un ascenseur social bien huilé permettrait à chacun de s'extraire de sa condition initiale, ces chiffres nous ramènent à la définition originelle de la méritocratie, ce terme initialement utilisé en 1958 par le sociologue anglais Michael Young pour dépeindre, dans un roman aux allures dystopiques[3], une société cauchemardesque

moindres opportunités que dans les autres régions de France », *op. cit.*

1 Mathieu Ichou et Ugo Palheta, « Un salaire de la blanchité ? Les revenus salariaux, une dimension sous-estimée des inégalités ethnoraciales en France », *Revue française de sociologie*, vol. 64, nº 4, 2023, p. 557-595.

2 Chantal Jaquet, « La méritocratie ou l'envers de la démocratie », *op. cit.*

3 Michael Young, *The Rise of the Meritocracy, 1870-2033*, Londres, Thames & Hudson, 1958.

entièrement organisée selon le mérite de chacun. Dans cette société les inégalités héritées de la famille sont certes rejetées au bénéfice d'un système reposant sur une série de tests de sélection, mais où chacun se retrouve assigné à certaines tâches ou certaines professions, instaurant dès lors une hiérarchie sociale bien définie. L'auteur décrit ainsi un phénomène de glissement vers une société de « plus en plus obsédée par la mesure et le classement de chacun[1] », au sein de laquelle règne « la conviction que les individus sont foncièrement inégaux parce que la nature les a faits tels[2] ». S'il serait exagéré d'en tirer une lecture de la société française, cela ne nous dispense pas de rappeler que si le fait de déménager dans l'Hexagone améliore la mobilité intergénérationnelle d'éducation, le potentiel de position sociale élevée[3] des jeunes nés dans les départements et régions d'outre-mer vivant en France hexagonale reste inférieur à celui des jeunes de même origine sociale nés dans l'Hexagone[4].

Ce système méritocratique poussé à l'extrême nous ramène toutefois à certaines « coïncidences troublantes[5] » aujourd'hui identifiables et identifiées d'un mérite originellement pensé comme un garde-fou contre les privilèges mais qui agit finalement, sous une forme mythifiée, comme un moyen de les préserver. Les figures des « transclasses », concept forgé par Chantal Jaquet, ont ainsi pu faire l'objet d'une instrumentalisation tendant à invisibiliser l'importance déterminante du capital économique, social et culturel et à glorifier des trajectoires

1 Marie Duru-Bellat, « Chapitre 4 : l'enfer du (seul) mérite », *Le mérite contre la justice*, Paris, Presses de Sciences Po, 2009, p. 125-157.

2 *Ibid.*

3 Mesurée par obtention d'un diplôme de l'enseignement supérieur, l'accès à l'emploi et l'accès au statut de cadre.

4 Clément Dherbécourt et Clément Peruyero, « Naître en outre-mer : de moindres opportunités que dans les autres régions de France », *op. cit.*

5 Paul Pasquali, « Le mérite comme storytelling : Tapie, Macron et les beaux jours de l'héritocratie », *AOC*, 4 novembre 2021.

individuelles qui ne représentent qu'une minorité de cas, la reproduction sociale demeurant la règle statistique.

En ce sens, la méritocratie républicaine ne serait pas seulement une forme d'onguent posé sur le désastre d'inégalités mais aussi le meilleur allié du capital : pourquoi remettre en cause l'ordre établi, les structures économiques ou notre système d'éducation pour créer les conditions de la réussite d'une majorité d'élèves et étudiants, quand les rares cas de réussite individuelle viennent donner bonne conscience et conforter les élites dans l'idée d'un ordre social juste, reflet des qualités réelles de chacun ?

« Brandie autrefois contre les privilèges, le mérite devient un moyen de les garder, en leurrant les foules au moyen de récompenses et de médailles[1] » : non seulement le raisonnement méritocratique éloigne une partie de la jeunesse de la promesse républicaine et favorise un phénomène d'autocensure mais il contribue également à bâtir une « méritocratie dans laquelle tout le mérite revient aux héritiers[2] ». En forgeant le néologisme « héritocratie », et bien que son propos s'appuie sur l'exemple des grandes écoles françaises, Paul Pasquali nous ramène à une réalité : nous évoluons désormais dans une société d'héritiers.

Si, en 1970, 35 % de la richesse d'une personne provenait de son patrimoine hérité, aujourd'hui ce pourcentage s'établit désormais à 60 %[3]. La méritocratie ne serait ainsi pas seulement un instrument contribuant à discipliner les classes laborieuses en leur faisant croire que leurs difficultés ne seraient imputables qu'à des efforts individuels insuffisants, mais

1 Chantal Jaquet, « La méritocratie ou l'envers de la démocratie », *op. cit.*

2 Paul Pasquali, « Le mérite comme storytelling : Tapie, Macron et les beaux jours de l'héritocratie », *op. cit.*

3 Guillaume Allègre, « Aujourd'hui, 60 % des patrimoines sont hérités, contre 35 % au début des années 1970 », *Le Monde*, 4 février 2022.

également un outil servant les intérêts de la reproduction sociale et des élites en place, dont le poids semble encore plus lourd outre-mer, notamment en matière de concentration économique. Faut-il dès lors s'étonner que quatre groupes familiaux détiennent 80 % des surfaces de vente en Martinique, dont trois sont les descendants de colons esclavagistes[1] ? Si les inégalités mentionnées précédemment en matière de revenus sont flagrantes, celles en matière de patrimoine sont d'autant plus lourdes. Soulignant la rareté de ces données malgré l'actualité encore prégnante de l'inégale distribution de la richesse foncière, l'universitaire réunionnais Jean-François Hoarau pointait qu'en 2010, en Guadeloupe et à La Réunion, les 10 % les plus riches détenaient respectivement 47 % et 50 % du patrimoine territorial[2].

Dans ces territoires, il faut en outre additionner à la précarité sociale accrue, des contraintes de mobilité, un accès au logement entravé, mais également une offre d'enseignement supérieur bien moins développée que dans l'Hexagone – les formations d'ingénieurs ne sont par exemple accessibles qu'en Guadeloupe et à La Réunion[3] – qui génère une forme de mobilité parfois forcée vers l'Hexagone des étudiants souhaitant poursuivre leurs études dans une filière n'existant pas dans leur territoire d'origine, instituant dès lors ce qui est parfois désigné comme une forme de fuite des cerveaux. Tous n'ont par ailleurs pas cette opportunité, dont se saisissent principalement les familles favorisées – qui cumulent capital financier, économique et culturel – malgré des aides publiques contribuant à

1 Jean-Michel Hauteville, « À la Martinique, ces grandes familles qui règnent sur les prix alimentaires », *Le Monde*, 02 novembre 2024.

2 Jean-François Hoarau, « Les inégalités économiques et sociales dans les outre-mer français : un héritage de l'histoire et des institutions coloniales », *TEPP*, 2023.

3 « L'enseignement supérieur et la recherche dans les outre-mer », Cour des comptes, Rapport thématique, novembre 2024.

réduire les coûts financiers liés au déménagement dans l'Hexagone pour les familles de milieux plus populaires : un rapport de 2023 établissait ainsi que si « 59 % des jeunes d'origine sociale favorisée des Antilles résident dans l'Hexagone, cette proportion est presque réduite par deux pour ceux d'origine sociale intermédiaire ou modeste[1] », démontrant ainsi que l'aide financière réduit mais n'abolit pas l'accès à la mobilité géographique entre catégories sociales.

1 Bénédicte Galtier et Mohamed Harfi, « Les politiques publiques en faveur de la mobilité sociale des jeunes », France stratégie, octobre 2023.

Chapitre 2

L'impérieuse nécessité d'améliorer le présent sans faire fi d'un passé encore prégnant

Il est ainsi incontestable, comme le rappelle l'historien Nicolas Bancel, que le changement de statut politique survenu dans ces anciennes colonies n'a pas permis d'abroger « comme par miracle les effets sociaux, politiques, économiques, culturels, instruits durant la période coloniale[1] ». Depuis 1946, la départementalisation des anciennes colonies se traduit ainsi davantage par une politique de rattrapage perpétuel, tant et si bien qu'il est permis de se demander si le fossé sera un jour comblé, que par une politique visant l'« égalité réelle ». Si les décennies de départementalisation ont mené à des progrès économiques et sociaux certains, elles sont aussi révélatrices de « limites inhérentes à ce type de développement exogène[2] », comme le pointait Nicolas Roinsard, sociologue.

Les disparités toujours à l'œuvre en matière économique et sociale, ainsi que la mainmise persistante par une communauté endogame et dominante sur l'appareil productif, qui voit

1 Nicolas Bancel, « L'histoire difficile : esquisse d'une historiographie du fait colonial et postcolonial », *La fracture coloniale : la société française au prisme de l'héritage colonial*, Paris, La Découverte, 2005.

2 Nicolas Roinsard, « Soixante ans de départementalisation à La Réunion : une sociologie des mutations de l'organisation sociale et de la structure de classe en contexte postcolonial », *op. cit.*

les mêmes profiter d'un système vicié par l'histoire coloniale, lui font ainsi dire que la manière dont ces anciennes colonies devenues départements français sont gérées par la France relève « en bien des points d'une politique postcoloniale[1] », qui consisterait moins à prendre en considération les « spécificités » ultramarines afin de réduire les inégalités sociales et assurer un développement économique qu'à simplement les reconnaître dans le cadre d'une administration visant en premier lieu à contenir les explosions sociales et les contestations locales d'ampleur.

Que reste-t-il, dès lors, des idéaux républicains ? Ceux de 1789, ceux des grands mots d'« égalité », de « justice », de « progrès » ? Comment maintenir la croyance en un universalisme indifférent aux différences et adhérer à l'idée d'une République ayant érigé l'émancipation comme horizon et la justice sociale comme pilier quand, dans le même temps, le sous-développement chronique, le chômage généralisé, la paupérisation et le monopole commercial de type colonial sont encore dénoncés avec vigueur outre-mer.

Les tensions sociales répétées qui ont traversé plusieurs de ces territoires au cours des dernières décennies soulignent la permanence, voire l'aggravation de fragilités économiques et sociales.

Elles font indirectement écho, malgré les indicateurs rassurants de la Commission nationale consultative des droits de l'homme (CNCDH) sur la hausse globale de la tolérance et la diminution des préjugés, à des statistiques qui restent illustratives d'un malaise persistant expérimenté par les personnes d'origines immigrée et ultramarine. Suite à l'enquête *Trajectoires et Origines 2*[2] menée de juillet 2019 à novembre

1 *Ibid.*

2 Coréalisée par l'Insee et l'Ined, cette enquête visait à appréhender dans quelle mesure les origines sont susceptibles de jouer sur les conditions de vie et les tra-

2020, il a ainsi été mis en évidence que les personnes originaires des territoires ultramarins figurent parmi celles qui rapportent le plus de discriminations du fait de leur origine ou de leur couleur de peau : elles étaient ainsi près de 30 % parmi les natifs d'outre-mer et leurs enfants nés en France hexagonale à faire état d'un tel sentiment.

Elles s'inscrivent également dans le prolongement des mouvements et émeutes qui ont marqué les banlieues et quartiers populaires au cours des dernières années, en réponse, là aussi, à des décennies de marginalisation sociale. À l'image des territoires ultramarins, régulièrement taxés, à tort, d'être biberonnés aux subventions publiques, les banlieues sont quant à elles la cible injustifiée d'une extrême droite qui taxe l'État d'arroser ces dernières « à coups de milliards ». Pourtant, les crédits fléchés vers la politique de la ville ne sont « qu'une maigre compensation au fait que la République consacre moins de moyens à ces territoires qu'aux autres, que ce soit en termes d'éducation, de transports et plus généralement d'accès au service public », comme le rappelle le chercheur Julien Talpin[1]. Quant au sociologue Renaud Epstein, il soulignait par ailleurs que ces crédits ne représentent qu'à peine 1 % du budget de l'État, pointant à juste titre que la réelle question à se poser serait de savoir si les 99 % restants bénéficient de manière égale aux habitants de ces quartiers et d'autres territoires[2].

jectoires des individus. Une première édition avait déjà eu lieu en 2008-2009.

1 Julien Talpin, « Une révolte politique, fruit de la répression du militantisme dans les quartiers populaires », *AOC*, 7 juillet 2023.

2 Entretien pour *Alternatives Économiques*, 8 juillet 2023.

Quand l'abandon de « la classe » laisse place à « la race »

Les mouvements sociaux qui ont émaillé aussi bien les territoires ultramarins français que les territoires périphériques de l'Hexagone ramènent la République à ses promesses d'émancipation et sont un appel à transformer la relation de domination de la France, ancien empire colonial, en une relation fondée sur l'égalité promise et la solidarité prônée à l'égard des citoyens ultramarins et de ceux issus de l'immigration postcoloniale. Dans ces territoires marginalisés, qui totalisent les plus mauvaises statistiques économiques et sociales de l'Union européenne, se déploie ainsi une fracture, faisant des « quartiers populaires » et des « départements ultramarins » des « zones sensibles » fréquemment désignés comme des « territoires abandonnés » de la République[1], dans lesquels le sentiment d'une citoyenneté de seconde zone se propagerait.

Si l'on « ne saurait sérieusement construire une analogie totalisante entre colonie et banlieue[2] », on peut toutefois relever que dans un cas comme dans l'autre, les politiques gouvernementales ont réagi aux crises par des mesures ponctuelles et des plans d'urgence, là où il aurait fallu substituer des objectifs de résultats probants à des témoignages de bonnes intentions.

Revenant sur le cas des quartiers populaires, le chercheur Hacène Belmessous[3] souligne ainsi qu'entre les premières révoltes sociales de 1981, et l'organisation de la Marche pour l'égalité et contre le racisme de 1983, ces quartiers se distinguent principalement par des appels répétés à l'égalité des droits et à

1 Nicolas Bancel, Pascal Blanchard et Ahmed Boubeker, *Le Grand Repli*, Paris, La Découverte, 2015.

2 *Ibid.*

3 Hacène Belmessous, « L'avenir de la République commence en banlieue », *AOC*, janvier 2021.

la dénonciation des discriminations, mais plus encore par une demande incessante que l'État leur fasse « une place dans sa République ». Pourtant, si le gouvernement rebondit par des « mesures à même, peut-être, de diminuer les points de friction avec les habitants », les réponses en demi-teinte apportées ne sont pas en mesure de répondre « à la demande, faite par ces jeunes à la nation, d'une égalité des conditions ».

Vis-à-vis des outre-mer, entre 2000 et 2017, ont été votées pas moins de cinq lois partageant comme point commun d'instaurer des mesures économiques et sociales. Selon les cas, il s'agissait de relancer l'économie, d'instaurer un dispositif d'accompagnement du développement économique et social, d'instituer des mesures de soutien au pouvoir d'achat, à l'économie et aux entreprises, d'accroître la concurrence, de réduire les écarts de développement entre les territoires ultramarins et le territoire hexagonal... On ne peut, par ailleurs, faire abstraction des progrès qui ont suivi la départementalisation des territoires ultramarins, notamment en matière de santé, de scolarisation, de démographie, d'infrastructures publiques ou encore de consommation. Un rapport parlementaire soulignait ainsi qu'entre 2018 et 2022, le produit intérieur brut par habitant a suivi une progression similaire en outre-mer (10,67 %) – malgré de lourdes disparités entre territoires – et en France hexagonale (10,2 %)[1].

Toutefois, alors que près de quatre-vingts années se sont écoulées depuis la départementalisation des « quatre vieilles », bientôt quinze pour celle de Mayotte, les réalités socio-économiques qui s'y maintiennent, dont certaines ont pu être soulevées précédemment, ainsi que la persistance d'un net retard de

1 Georges Patient et Stéphane Fouassin, « Projet de loi de finances pour 2025 : outre-mer », Sénat, Commission des finances, Rapport général, n° 144, tome III, annexe 20, 2024.

développement par rapport à l'Hexagone, témoignent d'une forme d'épuisement du récit républicain.

Démonstration que les maux précédemment évoqués ne peuvent être catégorisés géographiquement ni attribués à une catégorie socio-économique spatialement déterminée : les revendications catégorielles à l'origine de la mobilisation des Gilets jaunes, par leur contamination vitesse grand V, ont pris l'autoroute sans prendre les bretelles institutionnelles habituelles, du fait, précisément, de l'incapacité gouvernementale à trouver une réponse institutionnelle sur le long terme, contribuant de ce fait à mettre le feu au carburant que constituent les inégalités économiques tant décriées. Les raisons qui ont présidé à l'émergence du mouvement paraissent familières, ainsi que l'illustre la liste non exhaustive dressée par le philosophe Jacques Rancière : « La vie dans des zones périphériques abandonnées par les transports et les services publics comme par les commerces de proximité, la fatigue de longs trajets quotidiens, la précarité de l'emploi, les salaires insuffisants ou les pensions indécentes, l'existence à crédit, les fins de mois difficiles[1]… »

Les réponses à apporter ont bien souvent trouvé un point de chute à travers des mesures temporaires élaborées dans l'urgence, de la prime dite « Cospar » et des accords Bino institués respectivement à La Réunion et aux Antilles après les mouvements sociaux de février 2009, à la prime exceptionnelle de pouvoir d'achat dite « prime Gilets jaunes » consentie en urgence en 2019. Alors que ces crises témoignaient de l'aggravation des fragilités économiques et sociales qui touchent ces « franges considérables de la société française qui ont été trop longtemps invisibilisées[2] », ces primes font office d'un pansement sur une jambe de bois.

---

1 Jacques Rancière, « Les vertus de l'inexplicable : à propos des "Gilets jaunes" », *AOC*, 8 janvier 2019.

2 Pierre Blavier, « Gilets Jaunes : quels enseignements pour la compréhension

Si des semaines durant, l'exécutif n'a pas semblé prendre la mesure de l'ampleur de la mobilisation des Gilets jaunes, ramenée uniquement dans un premier temps à des conditions socio-économiques décriées, c'est que le malaise était plus profond. Car la question de la révolte pose en parallèle celle du ressenti, et donc du subjectif, de l'émotionnel : à tort ou à raison, ces populations, des territoires ultramarins aux banlieues et quartiers populaires en passant par celles venues remplir et consolider les manifestations des ronds-points, se vivent comme socio-économiquement déclassées mais également comme politiquement reléguées, culturellement standardisées, alors même que la République dans sa version dogmatique tente de les homogénéiser en diluant leur identité dans le bain de l'universalisme.

Le rappel effectué par le sociologue et historien Pierre Rosanvallon, selon lequel « les émotions guident les comportements et déterminent les rapports à autrui et aux institutions[1] » est ici bien utile pour comprendre, au travers des ressorts inégalitaires reliant les différents mouvements sociaux susmentionnés, « la place majeure qu'occupent dans notre société le ressentiment, l'indignation, la colère, l'amertume, l'anxiété et la défiance[2] », lesquelles acquièrent une dimension collective en étant partagées de multiples façons.

Pourtant, il est intéressant de souligner ce que Julien Talpin avait pu mettre en exergue au sujet de la mobilisation des Gilets jaunes, à savoir, la participation limitée des habitants des quartiers populaires au mouvement malgré des conditions objectives d'existence partagées, et une absence remarquée de la population la plus jeune, principalement non-blanche, qui

---

de la société ? », *AOC*, 17 février 2022.

1 Pierre Rosanvallon, *Les Épreuves de la vie : comprendre autrement les Français*, Paris, Seuil, 2021.

2 *Ibid.*

représente pourtant une part significative de la population de ces quartiers. Est ainsi mise en exergue une modification des formes d'identification : autrefois force mobilisatrice, la dénonciation du mépris de classe s'est révélée insuffisante à mobiliser autrement que dans une moindre mesure les populations de ces quartiers, tandis que les identifications ethno-raciales obtiendraient un capital mobilisateur croissant. C'est ainsi que, revenant sur plusieurs dizaines d'entretiens biographiques menés dans des quartiers populaires, Julien Talpin fait état de « la faiblesse des "nous" de classe exprimés par les habitants » interrogés, tandis que « les "nous" ethno-raciaux – "nous les noirs", "nous les Arabes", "nous les descendants de l'immigration", "nous les discriminés" – étaient relativement fréquents »[1].

Ce que l'on pourrait qualifier d'érosion de la notion classiste ne devrait pas être analysé comme sous-tendant une hiérarchisation des dominations, qui impliquerait que celles liées à la race seraient moins importantes ou dignes d'intérêt que celles liées à la classe, et inversement. Néanmoins, la racialisation observable du discours public implique d'être en mesure d'élaborer une offre politique qui, sans occulter les facteurs sociaux (les populations ultramarines et celles issues de l'immigration postcoloniale appartenant pour une majorité d'entre elles aux classes populaires), s'émancipe du *colorblind* abstrait pour prendre en compte les injustices spécifiques des populations discriminées, et plus encore, les questions raciales et décoloniales.

Car, ainsi que le mentionnent le sociologue Stéphane Beaud et l'historien Gérard Noiriel[2] en faisant référence à « l'importance prise par les polémiques identitaires dans le

1 Julien Talpin, « Les quartiers, les "Gilets jaunes" et la gauche », *AOC*, 15 février 2019.

2 Stéphane Beaud et Gérard Noiriel, « Impasses des politiques identitaires », *Le Monde diplomatique*, janvier 2021.

débat public », il n'est pas surprenant qu'une partie de ces populations « puissent exprimer leur rejet d'une société qui ne leur fait pas de place », et ce, en privilégiant en conséquence « les éléments de leur identité personnelle que sont la religion, l'origine ou la race (définie par la couleur de peau) ». Faisant état de la tendance à l'américanisation de la vie publique française, ils rappellent à juste titre que l'expérience américaine est aujourd'hui sans cesse mobilisée dès lors qu'il s'agit d'évoquer la question raciale. À ce titre, il peut alors être éclairant de se pencher sur l'exemple américain, bien qu'il faille, au regard des trajectoires historiques françaises et américaines distinctes, se prémunir de tout décalque.

Dès les années 1830, Alexis de Tocqueville, dans son maître ouvrage, *De la démocratie en Amérique*, condamnait l'esclavage aux États-Unis comme un mal absolu mais prédisait une lutte des races dans les États du Sud quand bien même l'esclavage y serait aboli. Car si l'esclavage avait établi une distinction si nette entre personnes racialisées comme noires et celles racialisées comme blanches que ces dernières ne voyaient pas en ces premières une quelconque menace et en acceptaient donc la proximité quotidienne, il n'en était pas de même une fois l'abolition de l'esclavage prononcée en 1865, à la fin de la Guerre de Sécession.

Pierre Rosanvallon reviendra sur la difficile acceptation de ce nouveau cadre légal par les personnes blanches. L'amertume de ces derniers sera renforcée par l'obtention du droit de vote par les personnes noires et plus largement, par un affranchissement de ces dernières qui aura pour conséquence de bouleverser le monde social des anciens maîtres. Insidieusement, des mesures « rusant » avec l'émancipation légale seront instaurées, qui sans être explicitement discriminatoires permettaient de contourner l'effectivité de l'égalité des droits civiques, et aboutiront à des dispositions ouvertement ségrégationnistes.

La Cour suprême des États-Unis avalisera ainsi en 1896 la séparation légale des « races » dans le sud du pays. Une seconde décision l'invalidera en 1954. Entre ces deux dates, un régime de domination restructurera dans toutes ses dimensions la vie quotidienne des noirs et des blancs dans les États du Sud, afin de faire respecter une frontière raciale qui n'était plus garantie par le statut de l'esclave.

L'exemple du racisme en Amérique est utilisé par Pierre Rosanvallon pour illustrer, en France, ce qu'il nomme un « mépris compensateur[1] », lequel serait l'une des formes sous lesquelles se traduirait un « mépris d'en bas[2] » qui aurait joué un rôle majeur selon lui au XIXe et au début du XXe siècle dans les milieux populaires, avant que « la présence de partis de gauche fortement structurés ne conduise à canaliser sur d'autres modes les impatiences et les colères du monde de dominés[3] ».

En effet, alors qu'entre 1880 et 1980, les ouvriers français formaient un « bloc de fierté » qui permettait de transcender identités ethno-raciales et pratiques religieuses, l'appartenance de classe était alors imprégnée d'une dimension positive à laquelle s'adjoignait l'expression d'une conscience de classe. Le passage suivant en constitue une illustration particulièrement éclairante :

> « La réalité de la classe était identifiée au monde des faubourgs où elle résidait, l'assimilant à un territoire bien spécifique. Les ouvriers avaient par ailleurs leurs coopératives de consommation, leurs clubs de port, leurs loisirs spécifiques ; leurs familles se fréquentaient quotidiennement et ils ne sortaient pas de ce cercle. Ils formaient un monde

1 Pierre Rosanvallon, *Les Épreuves de la vie : comprendre autrement les Français*, *op. cit.*

2 *Ibid.*

3 *Ibid.*

qui se distinguait également des autres par l'habillement, les chansons, la langue même. C'est donc bien au-delà des déterminations du mode de production que s'était forgé à partir de cette époque la forte identité de cette classe ouvrière, comme l'ont montré nombre d'historiens (...). Être ouvrier, c'était reconnaître son appartenance à une communauté de vie et de travail qui avait une fonction d'intégration des individus[1]. »

La notion de classe ouvrière se caractérisait dès lors par son aspect unificateur, transcendant les pluriels pour ne plus parler qu'au singulier de cet univers « autosuffisant », et permettant dès lors à l'ouvrier de s'insérer dans « un milieu qui lui permettait de se forger une certaine estime de soi[2] ».

Toute proportion évidemment gardée, le processus qui avait abouti aux États-Unis à un rigoureux séparatisme légal peut faire écho à la scission géographique observable entre les banlieues, les quartiers populaires, les zones rurales et les territoires ultramarins d'une part, cette France souvent qualifiée de périphérique donc, et les milieux favorisés d'autre part. Jérôme Fourquet, politologue, faisait ainsi référence à la « sécession des élites[3] » pour désigner le mouvement de séparatisme social à l'œuvre qui conduit les classes favorisées à rompre avec le reste du pays. Ce qu'il a pu qualifier de « ségrégation sociale », qui concerne toute une partie de la frange supérieure de la société, est le résultat de facteurs croisés, à commencer par celui de la réduction de la diversité sociologique dans les grandes villes, du fait de la gentrification des anciens quartiers ouvriers et de la tertiarisation du tissu économique notamment.

1 *Ibid.*

2 *Ibid.*

3 Jérôme Fourquet, *L'archipel français : naissance d'une nation multiple et divisée – Où allons-nous ?,* Paris, Seuil, 2019.

Ce glissement vers l'entre-soi découle en partie des bouleversements qui auront marqué la fin du XXe siècle, tant à l'échelle sociologique qu'économique, et qui viendront reconfigurer la matrice culturelle et socio-économique du pays, produisant des effets dans l'espace social et sociétal.

Parmi les ressorts multifactoriels ayant présidé à cette distance croissance, on peut citer, d'une part, la descente aux enfers des « corps intermédiaires » qui structuraient en profondeur la société française, en premier lieu le Parti communiste et l'Église catholique, mais plus largement l'affaiblissement des syndicats et des partis qui s'étaient érigés en représentants des « ouvriers » ou des « classes populaires ». Elle se conjugue à des mutations telles que l'avènement de la société de consommation, la désindustrialisation, la paupérisation des quartiers populaires périphériques, l'autonomisation de pans entiers de la société vis-à-vis des grands médias qui structuraient les représentations collectives, et la montée en puissance de « la distinction à tout prix[1] ».

D'autre part, l'individualisation des tâches et la mise en concurrence systématique, accolées à la création du marché unique, ont aboli les frontières et aussi bien atomisé que précarisé le monde ouvrier. Illustration marquante : durant les années 1980, en Europe, « cinq à dix points de produit intérieur brut (PIB) ont glissé du travail vers le capital » et « la part des dividendes versés aux actionnaires a triplé dans la valeur ajoutée »[2]. C'est ainsi que tandis que le monde dit supérieur peut « se refermer sur lui-même » et « vivre en vase clos »[3], un mou-

1 À titre d'illustration de cette volonté de plus en plus affirmée de se distinguer, Jérôme Fourquet mentionne dans l'ouvrage précédemment cité l'extraordinaire diversification des prénoms et l'essor des prénoms rares.

2 François Ruffin, « À Jacques Delors, le grand marché unique européen reconnaissant », *Le Monde diplomatique*, février 2024.

3 Jérôme Fourquet, *L'archipel français : naissance d'une nation multiple et divisée – Où allons-nous ?*, *op. cit.*

vement inverse se produit au bas de l'échelle, et l'on passera ainsi d'une sociologie de *la* classe ouvrière, structurée par des représentations, des valeurs et un rapport au monde collectifs, à celle *des* classes populaires, caractérisée par une atomisation à l'image de « l'archipélisation » de la société française.

Alors que la conscience de classe permettait auparavant de relativiser le « mépris d'en haut », pour reprendre les termes de Pierre Rosanvallon, la dislocation du sentiment partagé d'appartenance à une communauté s'est accompagnée de la dissolution de la base de croyance et de valeurs partagées qui permettaient de transcender collectivement les particularismes et d'assurer l'agrégation d'intérêts divers.

Pour surmonter un sentiment d'infériorité, conséquence d'une « sorte de vide psychologique et identitaire[1] », de nouvelles voies de résistance à la domination sociale ont émergé, parmi lesquelles celle de la tripartition de la conscience sociale des catégories modestes, développée notamment par le sociologue Olivier Schwartz. Du fait d'un sentiment d'appartenance à un « nous » fortement érodé au sein des groupes dits dominés, à la vision de la société fondée sur la dichotomie « eux/nous » se substituerait une vision tripartite du monde social, entre d'une part « eux », ceux d'en haut, « nous », les travailleurs de base, et « ceux d'en bas », les fractions précaires des classes populaires parmi lesquelles les chômeurs et les familles d'immigrés dont les revenus sont en partie assurés par les allocations. C'est en souhaitant se distinguer de ces derniers que Pierre Rosanvallon estime qu'une partie des travailleurs situés en bas de la hiérarchie entendent retrouver une forme de dignité, et c'est en ce sens qu'il estime ainsi qu'une « identité de mépris[2] » peut servir de fondement dissimulé à une fierté retrouvée.

1 Pierre Rosanvallon, *Les Épreuves de la vie : comprendre autrement les Français*, *op. cit.*

2 *Ibid.*

Alors que cette tripartition témoigne d'un « écartèlement » des catégories populaires[1], de leur hétérogénéisation de plus en plus marquée et renforcée, en un sens, par les réalités très différentes auxquelles renvoient la « France périphérique », la « France des banlieues » et la « France ultramarine », les mesures financières et consultations citoyennes en réponse aux mouvements sociaux se révèlent insuffisantes. Elles peinent à faire émerger une « société de semblables », selon l'expression du sociologue Robert Castel, c'est-à-dire, pour reprendre la définition qu'en donnait Olivier Schwartz[2], une société capable d'intégrer l'ensemble de ses membres, et qui se donne les moyens de contenir au maximum les inégalités.

Les territoires ultramarins, tendant bien souvent à l'Hexagone le miroir grossissant de ses turpitudes, font *l'expérience du même mais en pire*, ces considérations atomisantes classistes s'additionnant à un passé colonial dont la plaie restée vive ne cesse de ressurgir à mesure que s'amoncèlent les difficultés dont leurs populations font l'expérience. Dans ces territoires ultramarins où les politiques ne répondent bien souvent pas de manière satisfaisante aux besoins, face à ce qui est régulièrement pointé comme un abandon ou un manque de considération couplé à un sentiment de mépris postcolonial, la thématique de l'identité y est également (ré)investie, faisant écho à une conception spinozienne selon laquelle un affect plus puissant encore permettrait de vaincre un affect négatif.

En lieu et place d'une société de semblables, c'est en réalité une « société du mépris », dont les préceptes ont été forgés par le philosophe allemand Axel Honneth, qui semble davantage se

1 Louis Chauvel, *Le destin des générations : structure sociale et cohortes en France du XXe siècle aux années 2010*, Paris, PUF, 2010.

2 Olivier Schwartz, « Vivons-nous encore dans une société de classes ? Trois remarques sur la société française contemporaine », *La Vie des idées*, 22 septembre 2009.

dessiner, incapable de répondre positivement à la quête de reconnaissance et de fierté des individus. La dénonciation du mépris, ce « sentiment froid » décrit par Diderot qui infériorise son objet, et la conviction d'en être la cible, était déjà au cœur des revendications d'honneur et de dignité du mouvement ouvrier du XIXe siècle, au cœur des revendications sociales et fiscales des Gilets jaunes, au cœur des mouvements sociaux et soulèvements légitimes qui ont mobilisé les populations ultramarines à échéances régulières au cours des dernières décennies.

La philosophe Cynthia Fleury relevait ainsi qu'après avoir été « au centre de la lutte contre l'esclavage ou la colonisation, ou indissociable de la question ouvrière, la revendication de la dignité redevient centrale pour dire le rapport au monde[1] ».

Une constante agit ainsi tel un fil conducteur : celle d'une exigence de reconnaissance des conditions d'existence et des modes de vie de ces individus qui clament, en tant que membres à part entière, et non entièrement à part de la société, leur droit à la dignité et à la fierté. Cette quête de reconnaissance est particulièrement prégnante au sein des territoires ultramarins, et fortement corrélée à l'exploitation coloniale, impliquant dès lors une réflexion identitaire fondée sur l'histoire, dont la colonisation ne fut pas un simple chapitre mais un marqueur fondamental, une « structure d'organisation des rapports humains qui se décline dans les rapports sociaux actuels[2] ».

---

1 Cynthia Fleury, *La Clinique de la dignité*, Paris, Seuil, 2023.

2 Aimé Césaire et Françoise Vergès, *Nègre je suis, nègre je resterai*, *op. cit.*

L'assimilation à la française en outre-mer, véritable révélateur des impensés de la République

Malgré leur appartenance à l'ensemble national français, les territoires ultramarins restent singuliers en ce qu'ils sont répartis sur des aires géographiques et culturelles distinctes[1]. Face à des lignes de fractures nourries par les insatisfactions et désillusions nées d'une République dont les préceptes semblent de plus en plus sonner creux pour ceux qui l'ont pourtant appelée de leurs vœux, des revendications en faveur d'un respect plus marqué des spécificités et d'une autonomie accrue ont émergé, venant concurrencer la politique aux velléités assimilationnistes de la France. L'assimilation, ce terme aujourd'hui décrié par de nombreux élus ultramarins, faisait d'ores et déjà l'objet d'une critique de la part d'Aimé Césaire en 1956, dix ans après la départementalisation des « vieilles colonies » suite à l'adoption de loi de 1946 dite, justement, d'assimilation. À l'occasion d'un discours « qu'il prononce en pleine place publique de Fort-de-France, le 22 novembre 1956[2] », il décriait cette « doctrine politique et philosophique qui tend à faire disparaître les particularités propres à un peuple et à tuer sa personnalité[3] ».

D'aucuns pourraient considérer qu'il s'agit là d'un revirement dans la pensée de Césaire, après que ce dernier ait défendu comme rapporteur le texte de loi qui érigera la Guadeloupe, la Guyane, la Martinique et La Réunion en départements français. Mais ce dernier, pour qui l'assimilation

1 Justin Daniel, « Cadre institutionnel et vie politique outre-mer », *Pouvoirs*, vol. 2, n° 113, 2005, p. 113-123.

2 Camille Darsières, *Des origines de la nation martiniquaise,* Le Lamentin, Éditions Désormeaux, 1974.

3 *Ibid.*

revenait à « rendre semblable à » s'en explique[1] en rappelant le contexte d'alors, celui d'une demande générale profonde de la part des Martiniquais pour un régime meilleur, pour lesquels l'assimilation représentait plutôt l'ouverture vers « une situation égale à » celle des citoyens de l'Hexagone, donc l'accession à la pleine égalité des droits politiques.

Hier comme aujourd'hui, la notion d'assimilation revêt une dimension raciale du fait de son utilisation précoce dans le cadre de l'empire colonial français dès le XVIIe siècle. Pour revenir sur l'exemple antillais, la notion d'assimilation a ainsi pu être perçue dans un premier temps comme un « synonyme d'égalité entre Blancs et esclaves affranchis[2] », avant d'évoluer vers un « processus de conversion à la langue, aux lois et aux idées françaises[3] » puis de dériver vers une conception fermée supposant « l'effacement total du bagage identitaire », selon l'expression du sociologue et politiste Christophe Bertossi[4]. Peut-on nier que subsiste encore cette dimension racialisante lorsque Jordan Bardella, président du Rassemblement national, désigne Kylian Mbappé comme un « modèle d'assimilation », alors même que le footballeur est tout aussi français que lui ? Ou lorsque le groupe parlementaire Les Républicains formule l'objectif d'« élever au rang constitutionnel le principe d'assimilation[5] » comme solution face aux flux migratoires, lesquels sont principalement issus des pays anciennement colonisés ?

---

1 « Aimé Césaire et Paul Vergès : dialogue sur la loi du 19 mars 46 », *Journal Témoignages*, 19 juillet 2006.

2 Sarah Mazouz, « Les contours de l'assimilation : à propos de Abdellali Hajjat, *Les Frontières de "l'identité nationale"* », *La Vie des Idées*, 5 septembre 2012.

3 *Ibid.*

4 Anne Chemin, « Intégration ou assimilation, une histoire de nuances », *Le Monde*, 11 novembre 2016.

5 Proposition de loi constitutionnelle relative à la souveraineté de la France, à la nationalité, à l'immigration et à l'asile, enregistrée à la Présidence de l'Assemblée nationale le 2 juin 2023.

L'auteur du *Cahier d'un retour au pays natal* et de *La Tragédie du roi Christophe* dénonçait ainsi les politiques assimilationnistes menées dans les territoires d'outre-mer et considérées comme un ruissellement de l'impérialisme, car la civilisation que le colonisateur exporte ne peut produire qu'une sous-culture « condamnée à rester marginale par rapport à la culture européenne » et destinée à « prolonger dans les territoires colonisés les défauts de la culture capitaliste occidentale »[1].

Faisant écho au traumatisme causé par la perte des racines et de la culture des territoires anciennement colonisés et des populations esclavagisés, Christiane Taubira questionnait, au travers de la voix de Keshia, l'un des personnages phares de sa pièce de théâtre *Frivolités* (2023), qui donne la parole à treize femmes aux origines différentes : qu'est-ce qu'une colonie ? « Plus que la violence et la prédation, ce sont des gens entravés, en tant que communauté humaine. » Car, pour paraphraser Aimé Césaire, partout où il y a colonisation, des peuples entiers ont été vidés de leur culture. C'est ainsi que le courant politique et littéraire de la Négritude, né dans les années 1930 et ayant rassemblé des écrivains francophones noirs[2], se fondait sur le sursaut de dignité et le combat contre l'inégalité, contre la dissolution dans une universalité étouffant les spécificités, sans pour autant que cette volonté d'affirmation identitaire ne verse dans un racisme « noir ». Au contraire, au travers de la question noire, Aimé Césaire opposait à un universalisme chauvin et abstrait ce que la philosophe Nadia Yala Kisukidi décrit comme une « conception ouverte, fondée sur la reconnaissance de toutes les différences[3] », proposant dès lors de

1 Romuald Fonkoua, *Aimé Césaire*, Paris, Perrin, 2010.

2 Le martiniquais Aimé Césaire, le sénégalais Léopold Sédar Senghor et le guyanais Léon-Gontran Damas notamment.

3 Propos recueillis par Jean Birnbaum, Nadia Yala Kisukidi : « Aimé Césaire construit une politique des solidarités », *Le Monde*, 10 avril 2019.

nouvelles voies de construction de l'universel. Un universel éclairé, qui n'imposerait pas une mise en sourdine de l'identité mais qui, au contraire, se ferait tolérant à l'égard du particulier.

Cette idée d'un universel qui ne tourne pas le dos au particularisme et à l'enracinement, et qui transcende les divergences idéologiques au sein même du mouvement de la Négritude – entre notamment la négritude senghorienne et césairienne – se retrouve également, à des degrés divers, dans le mouvement de la créolité, fondé par le linguiste Jean Bernabé et les écrivains Patrick Chamoiseau et Raphaël Confiant, entendu comme mise en relation avec le monde et qui s'éloigne du principe d'identité unique. Quant à l'écrivain et poète Édouard Glissant, fondateur de l'Institut du Tout-Monde, qui occupe une place prépondérante dans le développement de la théorie de la créolisation du monde, il appelait à faire place à la « pluralité de nos identités[1] » face à une mondialisation anti-diversité marquée par une égalisation par le bas, où chacun tend à s'habiller de la même manière, à avoir les mêmes comportements, à se nourrir des mêmes produits. S'appuyant sur les apports divers (d'Afrique, d'Europe, d'Asie…) au sein de l'archipel de la Caraïbe[2], il estimait ainsi qu'il est possible de concevoir l'identité non pas comme un isolement ou un renfermement mais comme un partage, non pas comme une souche unique mais comme la rencontre de plusieurs racines.

Au travers de ses différentes expressions, cette aspiration à la reconnaissance des singularités culturelles des peuples marqués par l'histoire française de l'esclavage et de la colonisation traduit

1 Propos recueillis par Martin Legros, « Édouard Glissant, Régis Debray : la République à l'heure créole », *Philosophie magazine*, 27 mai 2009.

2 Entretien d'Édouard Glissant avec Laure Adler dans « L'invitation au voyage » en 2004 (Cinétévé / TV5 / RFO).

certes la recherche d'identité, mais également la réhabilitation d'une dignité, et à travers elle, celle d'un universel.

Car la dignité est un « inaliénable attaché à chacun[1] » selon la philosophe Cynthia Fleury, auquel il faut adjoindre « une exigence de matérialisation au travers d'un État social, de services publics, un accès au logement et un travail "décent"[2] ». Dans son ouvrage *La clinique de la dignité*, la philosophe fait pourtant le constat d'une tendance nationale à la généralisation de l'expérience de l'indigne, au sein des « institutions et pratiques sociales (hôpitaux, Ehpad, prisons, centres de réfugiés ou de migrants, pauvreté et précarisation des vies ordinaires, etc.) », mais plus généralement dans le monde du travail, où « les atteintes à la dignité des personnes sont devenues un mode de management commun »[3].

L'invocation devenue omniprésente de la dignité, dont la revendication serait désormais un élément pivot des vies, serait indivisible de la notion d'égalité et de liberté. Les exemples cités précédemment font ainsi la preuve d'une forme de réduction de la notion de dignité, à laquelle répond la croissance de l'indignation, matérialisée par une « forme de radicalisation, de binarisation, voire de violence[4] ».

Au regard des éléments qui précèdent, le prisme ultramarin est donc intéressant à plusieurs égards.

Déjà, car il permet d'envisager le postcolonialisme d'un point de vue franco-français : ainsi que le souligne Nicolas Roinsard, les effets persistants du colonialisme et de l'esclavage ont bien souvent comme point de départ les nations

1 Propos recueillis par Martin Legros, Cynthia Fleury : « L'indignité est devenue le passager clandestin de la démocratie », *Philosophie magazine*, 17 août 2023.

2 *Ibid.*

3 Cynthia Fleury, *La Clinique de la dignité*, *op. cit.*

4 Librairie Mollat, « Cynthia Fleury : la clinique de la dignité », Entretien avec Pierre Coutelle, YouTube, 16 septembre 2023.

anciennement colonisées devenues indépendantes. Pourtant, les quatre vieilles colonies, auxquelles il faut ajouter Mayotte, permettent d'envisager la question de la relation de la France à des anciennes colonies pour lesquelles la décolonisation ne s'est pas traduite par moins de France – par le biais d'un processus visant à l'indépendance – mais, ainsi que le pointe le sociologue, par davantage de France – par le biais d'un processus d'« inclusion politique *via* la départementalisation votée en 1946[1] ».

D'autre part car cette « décolonisation-inclusion » permet d'appréhender les contradictions des idées républicaines abreuvées à l'universalisme, qui, lorsqu'elles étaient mises au service de l'idéologie coloniale, promulguaient une vision racialisante du monde en ce qu'elles plaçaient « systématiquement l'Autre colonisé à un niveau inférieur du modèle de référence (républicain, blanc, européen, français, catholique)[2] ». À l'arrogance civilisatrice a voulu se substituer la France postraciale, indifférente à la différence, *colorblind*, pourtant contredite par l'ancrage sociétal des représentations dont les colonisés, qu'ils aient ou non choisi la voie de l'indépendance, ont été l'objet. Ainsi, de même que la figure du « Noir » et celle du « Blanc », créées dans le contexte esclavagiste et colonial, ont permis de forger des catégories sociales qui continuent d'imprégner les imaginaires contemporains, les politiques d'immigration et d'asile actuelles ont « intégré l'idée de hiérarchisation raciale », considérant dès lors « les étrangers comme étant inférieurs »[3].

---

1 Nicolas Roinsard, « Soixante ans de départementalisation à La Réunion : une sociologie des mutations de l'organisation sociale et de la structure de classe en contexte postcolonial », *op. cit.*

2 Nicolas Bancel et Pascal Blanchard, « De l'indigène à l'immigré : images, messages et réalités », *Hommes & Migrations*, n° 207, mai-juin 1997.

3 Propos recueillis par Séverine Kodjo-Grandvaux, « François Gemenne : "L'universalisme français a perdu sa dimension universelle et cosmopolite" »,

Comment, dès lors, se passer du champ lexical de la « race », pour aborder et traiter les maux d'une société qui reste marquée, malgré des avancées incontestables, par l'idée d'une hiérarchie raciale et par voie de conséquence, par la superficialité qu'est la couleur de la peau ?

Enfin, car, dans le prolongement du précédent constat, le double ressort du mépris et de la privation de dignité, qui émaille la société française d'un bout à l'autre du territoire national, des quartiers populaires aux banlieues en passant par les outre-mer et les territoires ruraux, est d'autant plus prégnant dans les territoires ultramarins que ces derniers sont marqués par « un passé qui ne passe pas ». Comment le pourrait-il, dans un pays encore récalcitrant à assumer la responsabilité du passé et à débattre ouvertement de la dimension ethnique des inégalités sociales ? La difficulté à bâtir une mémoire coloniale partagée, cette « page douloureuse de notre passé » est pointée de longue date et constituerait ainsi l'une des dimensions participant du repli généralisé de la société[1].

La politique du rattrapage permanent instaurée dans les outre-mer, sans que jamais l'égalité réelle tant prônée ne quitte le statut de mirage, celle de la sourde-oreille face aux singularités culturelles, linguistiques, sociétales de populations lassées par les inégalités persistantes, ne font-elles pas le jeu d'une tentation identitaire ?

S'il est vrai que la République ne reconnaît que des citoyens définis de manière abstraite et égaux en droit, les outre-mer ne sont-ils pas l'illustration même qu'elle tend à invisibiliser les inégalités réelles du fait de son caractère abstrait ? On peut voir au travers de l'Appel de Fort-de-France, signé en mai 2022 par sept présidents et présidente d'exécutifs de Guyane,

---

Le Monde, 30 novembre 2020.

1 Nicolas Bancel, Pascal Blanchard et Ahmed Boubeker, *Le Grand Repli*, *op. cit.*

de Guadeloupe, de La Réunion, de Saint-Martin, de Mayotte et de Martinique, une énième interpellation. La demande de « mise en œuvre de politiques publiques conformes aux réalités de chacune de [ces] régions » ainsi que l'articulation de « la pleine égalité des droits avec la reconnaissance » des spécificités ultramarines est un refrain dont la mélodie sonne familière mais qui témoigne de l'atonie des changements de pratique. Elle transparaissait déjà dans la célèbre lettre de démission du Parti communiste français d'Aimé Césaire, adressée en 1956 à Maurice Thorez, alors secrétaire général :

> « Et c'est ici une véritable révolution copernicienne qu'il faut imposer, tant est enracinée en Europe, et dans tous les partis, et dans tous les domaines, de l'extrême droite à l'extrême gauche, l'habitude de faire pour nous, l'habitude de disposer pour nous, l'habitude de penser pour nous, bref l'habitude de nous contester (...) le droit à la personnalité. »

À l'heure de la décentralisation, des demandes de différenciation, de l'affirmation croissante des particularismes, d'une revendication des identités culturelles, quel serait l'avenir d'un modèle universaliste et républicain qui mènerait tout droit au renforcement des particularismes identitaires, conséquence de particularités culturelles négligées ?

Quand le langage parle des maux

C'est à l'aune de la dénonciation du modèle assimilationniste que l'on peut en partie saisir la quête identitaire et la valorisation des différentes cultures qui imprègnent bien des territoires. En outre-mer, le projet d'assimilation s'est en particulier illustré par la généralisation de la scolarisation, qui s'est traduite par l'importation indifférenciée des enseignements dispensés dans l'Hexagone. Ainsi que le souligne Laurence de Cock, « la question de l'articulation entre l'universalisme républicain et la pluralité culturelle a toujours travaillé l'institution scolaire[1] » et s'est notamment cristallisée sur la question des langues régionales. Cela est d'autant plus vrai que la question linguistique revêt une dimension hautement politique relevant d'un questionnement et d'une affirmation identitaire légitime.

Le créole a ainsi été banni au profit du français, langue de scolarisation et de la promotion sociale, consacrée depuis 1992 par l'article 2 de la Constitution comme « la langue de la République ». Il en fut de même pour les langues kanak par exemple, interdites d'enseignement et de publication pendant de nombreuses années. Le Conseil économique, social et environnemental relève ainsi qu'outre-mer, « une grande partie des langues régionales existaient préalablement à l'arrivée des colons européens et ont souvent été interdites par les autorités alors qu'elles représentaient l'identité, la culture et le patrimoine des autochtones. Ces interdictions coercitives de l'utilisation et de la diffusion du multilinguisme ont eu l'effet inverse provoquant aussi une certaine frustration des populations. Ainsi, parler la langue régionale fut un acte de subversion, une réappropriation d'une identité réprimée et allait souvent de pair avec des revendications d'autonomie ou de reconnaissance[2] ».

À une période de minoration linguistique a ainsi succédé celle de l'affirmation identitaire, le créole, par exemple, étant

1 Laurence De Cock, *Dans la classe de l'homme blanc : l'enseignement du fait colonial en France des années 1980 à nos jours*, Lyon, Presses universitaires de Lyon, 2018.

2 « Valorisons les langues des outre-mer pour une meilleure cohésion sociale », Conseil économique, social et environnemental (CESE), 2019.

peu à peu érigé comme « fondement de l'identité sociale[1] », ce qu'illustre notamment la délibération de l'assemblée de Martinique reconnaissant la langue créole comme langue officielle du territoire, au même titre que le français. Il n'est pas anodin que cette décisionait ait été prise en mai 2023, dans le sillage des commémorations du 175e anniversaire de l'abolition de l'esclavage en Martinique.

Finalement suspendue puis annulée – au motif que l'usage du français, en tant que langue officielle, s'impose aux personnes morales de droit public et est en conséquence la seule à devoir obligatoirement être employée dans les services publics –, cette délibération visant à reconnaître le créole en tant que « marqueur identitaire et collectif » n'est pas sans rappeler celle de décembre 2021 de l'Assemblée de Corse qui avait intégré à son règlement intérieur le principe du bilinguisme, et qui a été, là aussi, annulée sur la base de fondements similaires.

Ces tentatives, avortées juridiquement mais puissantes symboliquement, témoignent d'un même désir de réappropriation culturelle face à un modèle républicain centralisé. Dans ce contexte, l'enseignement en immersion en langues s'inscrit dans une dynamique similaire : il ne s'agit pas uniquement d'un outil pédagogique, mais bien d'un levier politique et identitaire. Il participe du même effort de reconnaissance de communautés linguistiques historiquement invisibilisées, en donnant corps à une diversité culturelle que la norme républicaine tend à neutraliser.

La dimension de réinvestissement identitaire est d'autant plus prégnante outre-mer que l'imposition du français est historiquement le fruit du fait colonial et que la

1 Lambert Félix Prudent, « Langue et culture créoles : création d'une discipline et construction de normes », *Revue française de linguistique appliquée*, vol. 10, n° 1, 2005, p. 103-114.

remarquable diversité linguistique – les outre-mer réunissant cinquante-quatre des soixante-quinze langues de France – doit être distinguée du multilinguisme que l'on retrouve sur le territoire hexagonal « dans la mesure où le bilinguisme français-langue locale n'est pas systématique dans les outre-mer[1] », où la langue française est parfois maîtrisée à « des degrés très divers[2] ».

Ces éléments permettent d'éclairer le phénomène de glissement de la citoyenneté vers l'identité. Face à une République faussée, qui s'est voulue une et indivisible, se déploie une citoyenneté contrariée : porteuse de ressentiments, marquée par les inégalités, déçue par des promesses non tenues. Peu à peu, cette citoyenneté, vidée de sa substance, cède le pas à une identité plus triomphante, mais moins universelle. La République devient alors victime du non-respect de ses principes proclamés, et rattrapée par l'illusion de sa propre devise « Liberté, Égalité, Fraternité », qui, faute d'être incarnée, agit désormais comme un slogan vidé de sa substance, incapable de transformer les appartenances multiples en une communauté politique commune. Au lieu d'un creuset citoyen, elle devient le réceptacle d'un agglomérat d'identités, parfois antagonistes, parfois instrumentalisées.

À cette citoyenneté au rabais répond, tout particulièrement outre-mer, le désenchantement à l'égard du concept d'assimilation. Présentée comme un levier de développement, de réduction des inégalités et d'intégration des territoires ultramarins dans le corps national, elle s'est peu à peu révélée pour ce qu'elle était – un instrument plus soucieux d'uniformiser que d'émanciper – délestant progressivement ses faux-semblants et

1 Élise Lemercier, Valelia Muni Toke et Élise Palomares, « Les outre-mer français Regards ethnographiques sur une catégorie politique », *Terrains & travaux*, vol. 1, n° 24, 2014, p. 5-38.

2 *Ibid.*

l'ambition égalitaire que beaucoup y avaient projetée. Ce glissement alimente désormais une critique plus large de la promesse républicaine et ouvre un nouvel espace d'analyse : celui du regain identitaire, qui s'enracine dans l'histoire, s'exprime à travers la langue, la mémoire et la culture, et cristallise les limites d'un modèle républicain centralisateur.

Chapitre 3

Le regain d'identité aux prises avec son histoire

Alors que de nombreuses controverses ont entouré le « devoir de mémoire », Alain Policar pointait ainsi que « toute tentative de réhabilitation de l'universalisme en tant qu'horizon d'émancipation » devra « tenir compte de la marginalisation systématique, liée au passé esclavagiste et colonial, de certaines populations »[1]. L'émergence d'une « question noire » en France est d'ailleurs symptomatique d'une crispation identitaire qui tend à démontrer que sentiment de reconnaissance sociale et prise en considération de la dimension du passé sont intimement liés et impactent la capacité des individus à se sentir membres à part entière d'une société. Si elle a pu être considérée comme réductrice ou essentialisante, la focale mise sur la couleur de la peau découle, ainsi que le souligne René Depestre, de l'épidermisation par le colon blanc de sa prétendue supériorité biologique, qui a amené « le Noir » à épidermiser sa situation historique[2].

1 Alain Policar, « Nous défendons un universalisme pluriel, conçu comme coexistence de tous les particuliers », tribune dans *Le Monde*, 15 novembre 2021.

2 René Depestre, *Bonjour et adieu à la négritude*, Paris, Robert Laffont, 1980.

Race et géographie : radiographie d'un monde percuté par son histoire

Ainsi, « plus personne ne saurait contester le fait que des barrières ethniques et raciales traversent aujourd'hui la République une et indivisible[1] ». Même aboli, l'esclavage est resté central dans le processus d'édification de nos sociétés contemporaines européennes, car la notion de « race » lui a survécu et, rappelle Alain Policar, a contribué à en perpétuer la logique. Si les termes de « racialisation », de « racisé », de « blanchité » ou encore de « privilège blanc » ont animé le débat public au cours des dernières années, renvoyant par ailleurs à la complexité et au caractère hautement clivant de notions telles que le racisme systémique ou institutionnel, ils renvoient également à la permanence de catégories raciales comme constructions ayant infusé les imaginaires sociaux.

Il faut bien sûr rappeler qu'il existe de nombreuses façons d'aborder la question de la race en France, cette variété s'illustrant dans le champ académique, mais la démonstration de la racialisation de la société – au sens de hiérarchisation des groupes sociaux et de mécanisme social d'assignation – peut s'appuyer aussi bien sur les données précédemment évoquées qui ne sont qu'un bref aperçu des conditions de vie en outre-mer, que sur le traitement médiatique et politique réservé aux migrants, associés à des menaces culturelles et sociales favorisant l'émergence dans l'opinion publique d'un terreau favorable à la suspicion, voire, au rejet, et faisant le jeu d'une frontière qui serait érigée entre un « nous » et un « eux ».

Alors qu'au lendemain de la Seconde Guerre mondiale, la politique migratoire française est notamment influencée par le besoin de disposer de main-d'œuvre pour la reconstruction

---

1 Nicolas Bancel, Pascal Blanchard et Ahmed Boubeker, *Le Grand Repli*, *op. cit.*

des villes et sera marquée par l'esprit libéral de l'ordonnance de 1945 sur le séjour des étrangers, la crise économique qui fait suite au premier choc pétrolier initie un changement de regard des pouvoirs publics et de l'opinion sur les immigrés, dont la présence est jugée de plus en plus problématique. Tandis que le régalien et le sécuritaire prennent peu à peu le pas sur les missions économiques, sociales et culturelles en matière de politique d'immigration, l'émergence d'un discours – qui existait auparavant de manière marginale – centré sur le « trop d'immigrés » initiera le mythe désormais bien connu de l'étranger chasseur d'allocations bon qu'à « voler le pain des Français » et s'accompagnera d'une stigmatisation des populations postcoloniales et d'amalgames faisant fi des origines géographiques, antillais comme maghrébins ou africains étant ramenés à la même figure de l'altérité.

Loin de favoriser la cohésion sociale, le ministère de l'Immigration et de l'Identité nationale annoncé par Nicolas Sarkozy lors de sa campagne présidentielle et instauré en 2007 à la suite de sa victoire est à l'image de l'ethnicisation du discours social en France et a en outre accordé une caution institutionnelle à un discours nationaliste générateur de rejet et d'exclusion. Il a par ailleurs été démontré à maintes reprises que l'association des termes « d'immigration » et « d'identité nationale » faisait implicitement référence à l'idée d'une menace pesant sur l'identité nationale du fait de l'immigration.

S'il a été pointé que la tolérance au sein de la société française avait tendance à s'accentuer, il n'en demeure pas moins que le sentiment de discrimination (bien qu'il soit un concept à utiliser avec précaution) persiste[1], et ce parmi les personnes d'origine immigrée mais également d'origine ultramarine.

1 Voir *supra*.

À l'instar du mot « nègre » – produit de la culture esclavagiste et vestige de l'empire colonial français – que les intellectuels de la Négritude avaient su se réapproprier pour en faire un emblème de fierté tel qu'il servit de base lexicale à la conception d'un néologisme dépassant les particularismes, les réflexions autour d'une « question noire » font état de l'émergence d'un sentiment d'appartenance commun outrepassant des revendications sociales parfois très diverses.

Dépassant là aussi les origines géographiques, l'hétérogénéité des attentes, des mémoires et des histoires singulières, le surgissement d'une « question noire » en France[1] – la couleur de peau étant le seul facteur commun existant *a priori* – serait en grande partie le fruit d'une déception commune à l'égard des promesses républicaines, sur laquelle aurait pu prospérer la construction d'une « identité commune », qui « séduit un public de plus en plus vaste en quête de reconnaissance »[2].

Si le contexte d'affirmation de l'identité dans lequel nous évoluons ne se limite ni au phénomène de racialisation des identités ni aux débats sur les fondements d'une « identité noire », et interroge plus largement l'universalisme républicain, il ne peut pas non négliger un prisme ultramarin pour lequel « le fait esclavagiste et colonial est tout simplement constitutif d'une identité originelle[3] ». S'émancipant en partie de l'histoire singulière de l'esclavage, il a pu toutefois être pointé que l'émergence de nouvelles formes de nationalismes, à l'image du nationalisme antillais par exemple, est certes le résultat d'une déception, voire d'une désillusion, face aux promesses sociales et le reflet du sentiment légitime de la poursuite d'un

1 Richard Senghor, « Le surgissement d'une "question noire" en France », *Revue Esprit*, *Les nouvelles figures du soin*, janvier 2006.

2 *Ibid.*

3 *Ibid.*

rapport de domination coloniale, mais qu'elle s'appuie aussi sur d'autres dynamiques, d'ordre international et régional.

Concernant l'échelle régionale, Georges Trésor faisait état de l'intégration parcellaire de la Guadeloupe dans son bassin géographique, celui de la Caraïbe, du fait de la subordination de l'économie guadeloupéenne aux règlements nationaux et européens. En résulte une faible insertion régionale de la Guadeloupe avec ses voisins, une réalité partagée par bien d'autres territoires ultramarins, conséquence de relations historiques et de liens économiques avec l'Hexagone encore « hérités de la période coloniale[1] ». Face à cette forme d'isolement dans son environnement géographique, « l'attachement sublimé[2] » des Guadeloupéens à leur identité caribéenne pourrait être interprété, selon George Trésor, comme relevant en partie d'une « fonction cathartique[3] » face aux frustrations politiques, en permettant une « mise à distance symbolique de la France et de l'Europe[4] ».

Revenant sur ce qu'il qualifie de « ferveur identitaire qui explose[5] » en Guadeloupe, qui se traduit par un attachement à des « marqueurs identitaires essentialisés[6] » tels que le patrimoine culturel ou la mémoire collective, l'auteur reliait l'émergence d'une identité culturelle forte à une réalité non uniquement guadeloupéenne et régionale mais évoquait également l'effet déstructurant de la mondialisation sur les sociétés, entraînant perte de repères et réflexes patriotiques.

1 « La coopération et l'intégration régionales des outre-mer – volet 1 : bassin océan Indien », Sénat, Rapport d'information, n° 763, 2024.

2 Georges Trésor, *Guadeloupe : l'enfermement identitaire?*, Guadeloupe, Dérades, 2009.

3 *Ibid.*

4 *Ibid.*

5 *Ibid.*

6 *Ibid.*

Revendications identitaires et néolibéralisme : deux faces d'une même pièce

À l'échelle ultramarine, cela a pu se traduire par une uniformisation des habitudes alimentaires, au bénéfice des importations alimentaires et d'une nourriture mondialisée et au détriment de la production locale mais aussi du patrimoine culinaire, contribuant ainsi à détourner les populations des régimes alimentaires traditionnels de leurs territoires d'origine mais également à accentuer un taux de dépendance aux importations. À cela il faut ajouter la défiance d'une partie de la population ultramarine à l'égard de l'État, notamment suite à la scandaleuse affaire du chlordécone, substance toxique utilisée massivement comme pesticide aux Antilles de 1973 à 1993, et dont on retrouve encore une forte concentration dans les sols guadeloupéens et martiniquais. Plus globalement, il résulte de ces modifications des habitudes alimentaires traditionnelles – auxquelles il faut ajouter des taux de précarité importants entravant l'accès à une alimentation de qualité – des moyennes plus élevées d'obésité, de diabète ou encore d'hypertension artérielle que celles que l'on retrouve à l'échelle hexagonale.

Souvent et légitimement abordée sous le prisme des écarts de prix avec la France hexagonale – les divers mouvements et manifestations de lutte contre la vie chère en témoignent – et celui de la concentration des capitaux au bénéfice d'une poignée de structures oligopolistiques, l'économie ultramarine s'insère aussi dans un cadre de vie néolibéral capitaliste qui constitue, pour reprendre la formule de Marcel Mauss, un « fait social total ». Son champ d'influence ne se réduit pas aux structures économiques qu'il régit, mais empiète et impacte des pans entiers de nos vies, son effet dissolvant et atomisant se manifestant également en matière de culture, de nature, de lien social, ou encore, d'alimentation, comme cela vient d'être évoqué.

Le cadre resterait incomplet sans mentionner l'économie dans laquelle nous évoluons, où les règles sont désormais élaborées en grande partie hors du cadre national, où les prérogatives économiques de l'État français sont considérées comme subordonnées aux instances européennes ou supranationales et où l'économie mondiale globalisée impacte aussi bien l'accès à un emploi décemment rémunéré que celui à des services publics qualitatifs et plus généralement la cohésion sociale. Cette mise à distance de la France et de l'Europe par le biais du réinvestissement identitaire et culturel guadeloupéen pointé par Georges Trésor peut être considérée comme participant à lutter contre une dépossession locale du pouvoir d'agir, le respect des normes européennes et nationales impactant l'approfondissement des relations économiques des territoires ultramarins avec leurs voisins.

L'exemple du Brésil est régulièrement pointé en Guyane : alors que les produits brésiliens pourraient représenter une alternative pour le marché guyanais, l'approvisionnement par la Guyane auprès de son tout proche voisin est rendu particulièrement complexe, notamment par le respect de normes européennes strictes mais pas toujours adaptées localement, alors même qu'à l'instar du droit français, certaines adaptations au droit communautaire peuvent être autorisées. Cela a notamment été récemment le cas en matière de normes pour les matériaux de construction. Jusqu'alors, les maîtres d'œuvre devaient faire appel à des matériaux importés d'Europe, donc de régions souvent très éloignées, et marqués de la certification « conformité européenne », alors même qu'ils disposaient d'une source d'approvisionnement potentielle dans leur environnement régional proche, à l'image du Brésil pour la Guyane ou de l'Inde pour La Réunion.

L'exemple des carburants vendus dans les départements français d'Amérique (Guadeloupe, Guyane et Martinique) est également récurrent, car ils ne correspondent pas aux normes en vigueur dans des territoires voisins dans lesquels il serait possible de se fournir. Un récent rapport parlementaire évoquait également les difficultés pour les habitants de Saint-Pierre et Miquelon d'importer des véhicules canadiens, le Canada étant pourtant géographiquement proche, au motif que les feux clignotants sont rouges et non oranges[1].

Il est fréquent que la préférence européenne soit considérée comme un frein au développement du commerce intrarégional, même si d'un autre côté, certains rappellent que les normes salariales et environnementales françaises et européennes peuvent aussi agir comme boucliers face à des pays voisins à la compétitivité renforcée du fait de coûts salariaux et de production moindre.

Pour en revenir à l'affirmation de sentiments patriotiques et nationalistes pointés par Georges Trésor, on peut considérer qu'elle trouve un pendant à l'échelle hexagonale – bien qu'il faille se garder de tout décalque des faits générateurs –, où le capitalisme y est, *a fortiori*, le nom de bien des maux : désindustrialisation du pays, atomisation du salariat, obsolescence de la classe ouvrière, érosion des collectifs, démocratie sociale au point mort répercutant les frustrations du travail dans la sphère identitaire, individualisation des modes d'organisation du travail… Le tissu social s'en retrouve indiscutablement affecté, et à mesure que la question de la classe s'est vue peu à peu reléguée, la question se pose de son remplacement, au moins partiel, par un repli sur la sphère identitaire.

---

1 Philippe Gosselin et Davy Rimane, « L'avenir institutionnel des outre-mer », Assemblée nationale, Délégation aux outre-mer, Rapport d'information, n° 774, 2025.

Capitalisme : véritable pollinisateur des alvéoles identitaires

Les évolutions du monde bousculent une société française marquée, justement, par une crise d'identité, du fait d'une part d'une souveraineté qui lui échappe peu à peu, mais aussi, d'autre part, du fait de « l'évolution de la composition sociologique de la France dans le sens d'une irréversible diversité ethnique[1] ». En résulterait un bousculement identitaire né du contraste entre une « cohabitation physique avec des citoyens descendants d'immigrés issus de l'ancien empire colonial français[2] » et le discours ethnocentriste, voire racialiste qui avait contribué à forger une « image dévalorisée du colonisé dans la mémoire collective[3] ».

Selon Georges Trésor, dont les propos font écho à diverses enquêtes incluant la perception des discriminations, cette image, si elle a pu se ternir, vaut encore à une catégorie de citoyens français d'être la cible de vexations et de discriminations, au même titre que des personnes originaires du Maghreb ou d'Afrique. L'enjeu racial ne peut ici être invisibilisé, car selon l'auteur, ces victimes le sont car la « malédiction[4] » de leurs origines se reflète directement sur leur peau mais joue également un rôle dans une prise de conscience incitant ces communautés diverses à composer une identité collective : celle de la « difficulté à être reconnu comme un citoyen à part entière quand on n'est pas blanc sur le territoire français[5] ».

Le prisme ultramarin est donc intéressant dans le sens où il offre une vision renouvelée de la manière dont la République

1 Georges Trésor, *Guadeloupe : l'enfermement identitaire ?*, *op. cit.*

2 *Ibid.*

3 *Ibid.*

4 *Ibid.*

5 *Ibid.*

unifiante s'est finalement traduite par un mouvement de recroquevillement d'une communauté politique sur des communautés atomisées, notamment ethniques. Cela est le résultat d'une application défaillante de ses principes fondateurs à laquelle s'est additionnée l'instrumentalisation de la notion d'assimilation dans un contexte de défiance croissante à l'égard de l'immigration, nourrie et entretenue par un discours politique réactionnaire stigmatisant.

Il est également intéressant en ce qu'il offre une lecture distanciée mais complémentaire du glissement, à l'échelle nationale, de l'électorat ouvrier de la gauche vers la droite et l'extrême droite au cours des années 1990 et au début des années 2000. Le sociologue Didier Éribon notait ainsi le basculement de tout un milieu social où le « nous, les ouvriers » équivalait à un « nous la gauche » partageant une identité politique, une culture et une perception du monde, à un « nous les Français » reconfiguré en un « nous » racial et national[1]. La dynamique de déclin progressif du vote des ouvriers pour la gauche a pu faire l'objet de nombreuses interprétations et théories. Au-delà de l'affaiblissement de l'encadrement par les partis de gauche de la classe ouvrière, Florent Gougou, spécialiste de sociologie électorale, identifie quant à lui plusieurs facteurs explicatifs[2]. D'une part, les transformations socio-économiques liées à la révolution post-industrielle ont entraîné une déstructuration du monde ouvrier. D'autre part, le renouvellement générationnel a fait émerger de nouvelles attaches partisanes. Enfin, une hostilité persistante à l'égard de l'immigration, devenue un enjeu électoral central, cristallise à la fois des peurs de déclassement et des tensions identitaires et culturelles – une dynamique qui

---

1 Entretien de Didier Eribon sur le vote des classes populaires pour le RN : « On est passé de "nous les ouvriers" à "nous les Français" », *Libération*, 22 juin 2024.

2 Entretien avec Florent Gougou, « Un lepénisme ouvrier ? Dossier – Ce que l'extrême droite fait au monde », *La Vie des Idées*, 18 avril 2017.

entre en résonance avec les revendications identitaires et culturelles à l'échelle ultramarine.

L'ethnicisation de l'immigration dans les représentations sociales renvoie nécessairement, de manière assez simpliste, à l'apparence physique et donc à la couleur de la peau, laquelle a ainsi pu se retrouver érigée en une forme de singularité identitaire faisant abstraction des frontières géographiques. Elle s'insère dans un contexte néolibéral d'éloge permanent de la mondialisation, de la diversité, de l'hyperconsommation, marqué par la fin des idéologies, la fin des classes sociales, par la société de l'information et le fétichisme des nouvelles technologies.

Ainsi, la quête d'égalité des territoires ultramarins s'inscrit-elle dans un cadre sociétal néolibéral profondément individualisant, où l'égalité est justement délaissée, voire combattue, au profit de l'exacerbation à outrance des singularités individuelles. Margaret Thatcher, figure de proue du néolibéralisme, ne déclarait-elle pas que « nous sommes tous inégaux », que « personne (...) n'est l'équivalent de personne » et que « chacun jouit du droit de n'être l'égal de personne »[1] ?

L'exemple du développement personnel peut à cet égard être éclairant, en ce qu'il invite justement à surinvestir son moi intérieur. De fait, l'individu est amené à exalter sa propre identité en ce qu'il est incité à se considérer comme un petit tas de capitaux (économique, social, esthétique...) dont il aurait la responsabilité de maximiser les rendements. L'individu appelé à se développer va apprendre à se considérer comme un « entrepreneur de soi » occupé à faire fructifier son capital humain, tout comme l'investisseur cherche à augmenter ses rendements financiers sur le marché.

---

1 Margaret Thatcher, « Discours devant le Parti conservateur, Blackpool, 10 octobre 1975 », dans *Discours (1968-1992)*, trad. Michel Lemosse, Paris, Les Belles Lettres, 2016.

Le développement personnel appelle ainsi à trouver par soi et pour soi la solution à tous les maux que rencontre l'indi vidu. Plutôt que d'interroger les collectifs, il convoque l'éthos personnel de l'individu, seul « responsable de [sa] vie et de [son] bonheur[1] », car « le seul moyen de modifier le monde qui nous entoure est de changer à titre personnel[2] ». Le développement personnel n'est qu'un seul exemple du phénomène de recroquevillement sur soi produit par « l'atomisation continuelle du monde » dont le « c'est mon choix donc c'est mon droit » produit des effets indéniables sur le tissu social et identitaire. Des considérations identitaires, notamment liées à l'origine raciale ou ethnique, participent parfois de cette même dynamique individualisante, comme en témoignent certaines formulations dans les controverses publiques : « Je parle en tant qu'Afro-Américain… », « je parle en tant que Latino… ».

Ce référencement identitaire a pour finalité de provoquer une décomposition toujours plus détaillée et sans fin des identités afin qu'elles soient les plus représentatives possible. Ne risquent-elles pas, *in fine*, de se concurrencer encore plus ? L'idéologie de la diversité ne pousse-t-elle pas à mettre en avant son identité au détriment, au moins partiel, d'un collectif ?

De manière paradoxale, alors même que le capitalisme, de par sa logique d'uniformisation du monde, tend à standardiser les goûts dans la « société du spectacle[3] », son pendant individualiste, le néolibéralisme, cherche quant à lui à générer, pour sa propre survie, un besoin schizophrénique de singularité, doublé d'un besoin d'authenticité, chez chacun de nous.

Alors que les contradictions des promesses d'émancipation sont pointées par la diffusion des idées décoloniales et

---

1 Raphaëlle Giordano, *Ta deuxième vie commence quand tu comprends que tu n'en as qu'une*, Paris, Eyrolles, 2015.

2 Miguel Ruiz, *Les Quatre Accords toltèques*, Genève, Éditions Jouvence, 1999.

3 Guy Debord, *La Société du spectacle*, Paris, Buchet-Chastel, 1967.

postcoloniales, qui interrogent ce qui continue de relever de la colonialité dans les sociétés contemporaines et la manière dont la modernité occidentale a « produit et fabriqué ces autres, non européens[1] » ; alors que les combats antiracistes se voient reprocher d'ethniciser les questions sociales en réintroduisant la notion d'identité raciale qui irait, selon leurs détracteurs, à l'encontre du pacte républicain récusant sur le papier l'existence des races ; alors que les réflexions sur la condition blanche sont de plus en plus popularisées et ébranlent ce que les sociologues Solène Brun et Claire Cosquer nomment le « déni blanc[2] » ; il est une forme d'hypocrisie qui doit être relevée.

Celle de la droite qui se complaît dans le néolibéralisme mercantile, lequel créée l'exaltation des identités, dont elle se satisfait très bien tant que cela ne menace pas l'ordre économique établit. Elle dont les tenants sont les premiers à pourfendre ceux qui placent la question de la race au milieu des problématiques sociales et économiques, alors mêmes qu'ils n'ont aucun problème à bénéficier d'un système qui, justement, exacerbe les phénomènes identitaires. De ce point de vue, on ne peut qu'être étonné des saillies des conservateurs qui n'ont de cesse de vilipender les « wokistes », tandis qu'ils chantent les louanges du marché mais exècrent la société qu'il produit.

Il est pourtant essentiel de dissocier les identités exacerbées du terreau qui les a fait fleurir. Certes, l'exacerbation des identités prospère sur le délitement du collectif dont le marché est l'un des artisans et actionnaires (récoltant les dividendes des divisions de la société). Mais ceux qui s'en accommodent sont les mêmes qui se drapent de « l'étendard vertueux (…) d'un "universalisme" à la française, totalement oublieux de notre

1 « L'identité menace-t-elle le collectif? Les idées larges avec Yala Kisukidi », Arte, 2022.

2 Solène Brun et Claire Cosquer, *La Domination blanche*, Paris, Éditions Textuel, 2024.

passé colonial[1] » pour tenter de « disqualifier l'ensemble des forces contestataires issues des populations minorisées[2] » en les accusant de réduire les individus à des assignations identitaires.

Quand l'universalisme aveugle alimente segmentation identitaire et fragmentation sociale

S'il n'est évidemment pas souhaitable de vivre dans une société où les individus seraient réduits à une assignation identitaire, notamment raciale, il faut néanmoins reconnaître que les identités raciales ne sont pas de simples constructions contemporaines : elles s'enracinent dans une histoire longue de hiérarchisation, de colonisation et de domination, responsable d'une importation des distinctions de couleur.

Dans leur ouvrage *La Domination blanche*[3], Solène Brun et Claire Cosquer rappellent, à travers l'exemple des colonies françaises antillaises, que le qualificatif « européens » a rapidement cédé la place à celui de « blancs » pour désigner les colons. Une racialisation du pouvoir qui ne se limitait pas aux colonies, précisent-elles, rappelant la création d'une police des Noirs en France continentale par Louis XVI en 1777, instituant l'existence précoce d'un contrôle racial sur le sol hexagonal.

Aujourd'hui, les discours égalitaires et universalistes s'opposent parfois à des revendications qui entendent dénoncer la persistance des structures de domination. Ce rejet est alimenté par une lecture tronquée du passé colonial, selon laquelle

1 Alain Policar, « Limites et dangers de l'antiracisme "politique" : une réponse à Eric Fassin », *AOC*, 24 avril 2019.

2 Alain Policar, *Le « wokisme » n'existe pas : la fabrication d'un mythe*, Bordeaux, Le Bord de l'Eau, 2024.

3 Solène Brun et Claire Cosquer, *La Domination blanche, op. cit.*

celui-ci serait désormais clos, rendant tout racisme systémique inenvisageable et niant, ce faisant, toute spécificité historique et structurelle. Alain Policar évoque à ce titre l'exemple des anti-antiracistes selon lesquels, la période coloniale étant une page tournée de l'histoire, il ne resterait plus rien des anciennes structures coloniales, invalidant de ce fait tout racisme institutionnel, les lois de la République étant les mêmes pour tous[1].

Parallèlement, la mondialisation favorise une forme d'uniformisation tandis que son versant néolibéral exacerbe les particularismes. Le lien social s'en trouve fragmenté, éclaté en une multitude de « nous » identitaires et repliés sur leurs singularités, porteurs de revendications parfois instrumentalisées.

Face à cela, trois postures se dessinent : ceux qui, vantant la liberté de choix, défendent en réalité une liberté « libérale » vidée de toute portée subversive mais profitable à l'industrie mondialisée par la consommation d'artefacts ; ceux qui tentent de capitaliser politiquement sur le retour des particularismes identitaires en jouant de la perversité consistant à faire croire aux Français qui ont le sentiment qu'on ne leur laisse plus rien sinon leur identité que c'est parce qu'on le donne aux « Autres » ; et ceux qui ont réinvesti la lutte pour l'égalité des droits en se réappropriant les outils forgés par le nouvel esprit du capitalisme.

Cette tension entre reconnaissance des identités et universalisme abstrait traduit en creux une crise du projet républicain : lorsque les institutions ne produisent plus d'égalité réelle, ce sont les appartenances différenciées qui servent de repères, et non les principes proclamés.

1 Alain Policar, « La critique de l'antiracisme devenue folle », *AOC*, 15 mars 2023.

Chapitre 4

Négation des identités, un jeu à somme nulle pour la République

Face à une mondialisation aveugle et homogénéisante, la réponse d'un néolibéralisme exacerbant l'individu n'a ainsi pas tardé à se faire jour. Dans le même mouvement, l'universalisme qui se présente comme indifférent à la différence se voit concurrencé par un surinvestissement de l'identité que la citoyenneté abstraite aurait souhaité gommer. Ces deux mouvements d'apparence antagonistes, sont pourtant la face d'une même pièce.

En effet, ne pas combattre le néolibéralisme mercantile revient précisément à abandonner le terrain à un marché qui tend à uniformiser les modes de vie, tout en flattant l'illusion de singularité de chacun. Cette quête de distinction individuelle s'incarne alors dans la consommation d'artefacts standardisés, produits à la chaîne au gré des tendances, et dont la publicité se charge d'assurer le service après-vente.

Toujours dans le même mouvement, mais dans un registre singulièrement différent, nier les luttes identitaires, au motif qu'elles mettraient à mal l'universalisme et tenteraient de faire sécession avec le pacte républicain, participe de l'exacerbation des identités de ceux qui les mènent, en ce qu'ils font l'expérience quotidienne d'une identité au rabais.

En résultent, dans un cas comme dans l'autre, l'exacerbation d'identités qui prospère sur le délitement du collectif, encouragée d'une part, instrumentalisée de l'autre. Déjà en 1999, le philosophe Olivier Abel soulignait que « ce qui la [l'humanité] menace aujourd'hui, c'est l'accélération planétaire des échanges qui nous oblige à être tous pareils, et ce sont les haines raciales ou religieuses qui nous incarcèrent dans nos différences[1] ». Il questionnait alors : « Peut-on dépasser cette alternative, inventer un nouveau rapport à l'universel et découvrir d'autres formes du respect des différences[2] ? » Rien de moins, donc, que l'ambition portée par le mouvement de la Négritude de construire un nouvel humanisme s'émancipant d'une entité culturelle de référence unique.

Alors que la citoyenneté est marquée par une tendance à se diluer dans les alvéoles des ruches identitaires, le néolibéralisme, en faisant de l'individu le seul et unique agent social de la République, n'a de cesse d'exacerber des identités déjà stimulées. Les revendications identitaires doivent ainsi être comprises comme la conséquence d'un déficit, voire d'un déni, de reconnaissance, au lieu d'être stigmatisées comme l'indice d'une volonté de séparation.

Identités et solidarité : une antinomie ?

Il ressort ainsi des éléments précédemment avancés que l'idéologie de la diversité, qui pousse à mettre en avant son identité, n'est pas souhaitable si elle se fait au détriment d'un collectif. C'est pourquoi face au risque d'essentialisation du discours antiraciste, Alain Policar en appelait à lutter contre le

1 Olivier Abel, « Quatorze thèses sur l'humanité universelle et le respect des différences », *Revue Esprit*, juin 1999.

2 *Ibid.*

raidissement qui mène à la revendication exclusive de la souffrance dans chaque communauté, les causes communes ayant en conséquence tendance à disparaître.

Causes communes et collectives transparaissent justement derrière le terme et le fait « ultramarin ». L'émergence de ce terme englobant est le résultat de la « constitution progressive d'une catégorie administrative de Français d'outre-mer[1] » au travers notamment de la mise en place depuis le début de la Vᵉ République d'une « structure ministérielle dédiée à l'outre-mer[2] » et de dispositifs divers tournés à la fois vers les associations hexagonales représentatives des originaires des outre-mer mais aussi vers, à l'échelle de Paris par exemple, « les agents des DOM de la ville[3] ».

Au-delà de cet aspect administratif, la vigueur associative où priment entraide, solidarité et sociabilité participe de la constitution d'un réseau de défense des intérêts « de ceux que l'on désigne comme les Ultramarins de l'Hexagone sans pour autant que les mobilisations ne soient totalement déconnectées de la vie politique des territoires[4] ». Ces différentes dynamiques croisées ont donc participé à l'émergence d'une catégorie de Français « d'outre-mer » dont le périmètre inclusif comprend non seulement les natifs de ces territoires mais également leurs descendants. Être « ultramarin » transcenderait donc le seul lieu de naissance pour englober des origines, des histoires et des expériences multiples, démontrant en cela

1 Audrey Célestine et Aurélie Roger, « "L'outre-mer" à la croisée du national et du local : construction, évolution et appropriations d'une catégorie sur trois terrains ultramarins », *Terrains & travaux*, vol. 1, n° 24, 2014, p. 121-142.

2 *Ibid.*

3 *Ibid.*

4 Audrey Célestine, « Originaires d'outre-mer », *La Vie des Idées*, Dossier / Outre-mer : la République en sa diversité, 28 mai 2012.

qu'une mémoire collective ne s'accompagne pas nécessairement d'une identité culturelle exclusive.

Le terme, qui érige une forme d'« identité de dépassement[1] » qui transcenderait les attaches régionales, n'édulcore pas pour autant selon nous « les contentieux historiques et les réalités économiques[2] » des régions concernées, lesquels posent aussi, cette fois-ci à l'échelle locale, des questions identitaires.

Le cas de la Guyane, où se côtoient de nombreux groupes socio-culturels porteurs d'histoires et de mémoires particulières, est à cet égard illustratif « des difficultés que connaissent nombre de sociétés confrontées aujourd'hui à un fort fractionnement culturel et identitaire, et qui doivent faire coexister des populations très diverses[3] ». La « question amérindienne » notamment, qui interroge la place des Amérindiens vis-à-vis des autres composantes qui façonnent l'hétérogénéité socio-culturelle guyanaise, témoigne des difficultés à concilier émergence d'un imaginaire commun d'un côté, et revendications de spécificités politiques et culturelles de l'autre. Si la revendication autochtone est ainsi prégnante en Guyane, à La Réunion, personne ne peut prétendre l'être, autochtone[4], l'île étant inhabitée avant sa colonisation. Si la « diversité et le métissage fondateurs[5] » de la société réunionnaise sont inhérents à son unité, selon Laurent Médéa, « cette absence de passé autochtone marque, encore aujourd'hui, la quête identitaire des groupes qui fondent la société réunionnaise[6] ».

1 Alex Laupeze, « "Ultramarin" : retour sur l'irruption d'une nouvelle catégorie du discours dans l'espace public », *Anthropoweb.com*, 2012.

2 *Ibid.*

3 Gérard Collomb et Marie-José Jolivet (dir.), « Histoires, identités et logiques ethniques : Amérindiens, Créoles et Noirs marrons en Guyane », *CHTS*, 2008.

4 Jean-Claude Carpanin Marimoutou, « La Réunion, "île-laboratoire" : alchimie des cultures », *Le Monde diplomatique*, mars 2010.

5 *Ibid.*

6 Laurent Médéa, « La construction identitaire dans la société réunionnaise »,

Par ailleurs, ainsi que le souligne l'historienne Myriam Cottias, on peut également relever la construction d'une « identité régionale propre unie par la culture », qui s'illustre par une référence croissante à la Caraïbe par les acteurs politiques et culturels de la Guyane, de la Guadeloupe et de la Martinique[1].

Extrême droite et néolibéralisme : l'hypocrite pas de deux

Si les éléments soulevés dans les chapitres précédents peuvent conduire à considérer qu'en un sens, l'universalisme est une forme déguisée de particularisme, il est un autre acteur qui avance masqué. L'extrême droite, surfant sur les inégalités, véritables accélérateurs à particule des identités, profite directement de ce raidissement sociétal. Elle n'interroge ainsi jamais la question des modes d'organisation économiques, car la crise de l'identité qui lui est consubstantielle lui profite directement, le système économique néolibéral en place œuvrant à substituer ce qui relève de l'ordre du commun – nations, États, institutions, syndicats, classes sociales, partis, religions, familles – à des consommateurs livrés à eux-mêmes.

En matière sociale, le jeu de dupes qui s'est installé entre l'extrême droite et le reste des formations politiques a atteint son acmé lors des élections législatives anticipées de 2024. Plus la campagne avançait, plus le vernis social du programme du Rassemblement national se craquelait à mesure que les sondages à répétition rendaient l'arrivée au pouvoir de Jordan

Journal des anthropologues, 2003.

1 Serge Larcher, « L'audace ultramarine en hexagone : comment s'exprime-t-elle ? Comment s'incarne-t-elle ? », Sénat, Délégation aux outre-mer, Rapport d'information, n° 862, 2013.

Bardella vraisemblable. Une telle prise de fonction aurait nécessité une volte-face programmatique aussi vertigineuse que déceptive, ce qui explique peut-être pourquoi le candidat auto-proclamé à Matignon a tenté de se livrer à un exercice d'équilibriste : enchaîner les revirements (moins-disant) ayant trait au social tout en tentant de garder facialement un semblant de politiques en la matière à l'égard d'un électorat que trente années de désindustrialisation et de mondialisation sauvages avaient abîmé. La fibre « sociale » du projet politique d'extrême droite doit ainsi se mesurer à l'aune de ses renoncements programmatiques.

Quel crédit accorder à un parti qui se targue de placer le pouvoir d'achat – dont nous avons démontré qu'il occupe une place prépondérante au sein des revendications hexagonales mais aussi et surtout ultramarines – au cœur de ses préoccupations mais dont les députés bottent en touche lorsque leur est présentée l'occasion d'augmenter le salaire minimum ?

Comment justifier son renoncement à revenir sur la réforme des retraites qui pèse tout particulièrement sur les classes populaires et moyennes les plus fragiles, peu diplômées, ayant commencé leurs carrières très jeunes dans des corps de métiers usants ? L'impact de cette réforme est par ailleurs d'autant plus lourd outre-mer, et l'ampleur de ce renoncement d'autant plus conséquent, que la majorité des populations qui y vivent se situent en dessous des seuils de pauvreté, que la réalité y est bien souvent celle de vies actives hachées, d'une accumulation de « petits boulots » à la pénibilité accrue, qui ne permettent pas de vivre décemment. Les personnes âgées sont ainsi loin d'être épargnées par la grande pauvreté : 9 à 15 % des retraités des départements et régions d'outre-mer dits historiques sont en situation de grande pauvreté, la moyenne s'élevant à 1 % en France hexagonale[1].

Comment ne pas s'étonner de son revirement sur sa proposition initiale de suppression de la taxe sur la valeur ajoutée sur les produits de première nécessité, quand l'inflation galopante des dernières années s'est accompagnée d'une insécurité alimentaire croissante ? Cette dernière reculade peut nous amener à nous interroger, dans le cas d'une prise de pouvoir du Rassemblement national, sur l'avenir de la non applicabilité de la TVA en Guyane et à Mayotte et sur le maintien de taux réduits de TVA en Guadeloupe, Martinique et à La Réunion, qui concourent à un objectif de baisse des prix pour le consommateur final.

Ainsi, non seulement elle se présente, en surface, en garante des intérêts économiques des plus défavorisées, mais elle bénéficie également directement de la destruction et de la désintégration sociétale née du néolibéralisme, dont elle s'empare pour faire dériver les individualités exacerbées vers des paniques identitaires. Pour le dire autrement, « l'extrême droite a prospéré sur l'abandon de la question sociale, à laquelle elle a substitué la mise en concurrence des plus fragiles, et la justification des inégalités sur une base raciale[2] ».

En effet, le sentiment de déclassement souvent décrit pour désigner les « perdants de la mondialisation » prend racine dans un mécanisme de double peine. Non contents de se voir imposer des réformes du marché du travail qui leur sont défavorables, ils voient et vivent, à la défaveur des politiques d'austérité budgétaire que le marché impose, la disparition d'une grande partie des services publics. Les fermetures et

1 « La grande pauvreté bien plus fréquente et beaucoup plus intense dans les DOM », *op. cit.*

2 Guillaume Le Blanc, « Quand la question sociale redevient la question », *Revue Esprit*, juin 2024.

l'éloignement des services, la dématérialisation « à marche forcée », le manque de professionnels, les délais de réponse, l'explosion des besoins de prise en charge publique alimentent ce sentiment de déclassement, d'indifférence et d'injustice dans une France rurale, périurbaine et ultramarine qui se vit déjà comme reléguée économiquement.

Pourquoi donc, alors même que les élections européennes du 9 juin 2024 ont placé la liste portée par Jordan Bardella en tête dans 93 % des communes de France, remettre en cause un agenda néolibéral dont les conséquences constituent finalement un carburant puissant pour cette formation politique ?

Le chercheur Félicien Faury explique ainsi l'attraction du vote pour l'extrême droite par le discours tenu par cette dernière, qui tend à introduire une mise en concurrence dans l'accès aux services publics en fustigeant la fraude sociale et l'immigration, qu'elle rend responsables des difficultés d'accès aux services publics. Une corrélation qui peut paraître fallacieuse mais que nombre d'électeurs prennent pour argent comptant dans un contexte où il devient difficile de comprendre « pourquoi ça ne marche pas » alors que le discours médiatico-politique rappelle à l'envi le haut niveau de dépenses publiques de la France.

En outre, pourquoi traiter les conséquences des maux précités quand les dérégulations du néolibéralisme se révèlent électoralement payantes d'une part, mais peuvent également servir de cache-sexe à la propagation d'une idéologie racialisante et xénophobe d'autre part ? Il est ainsi plus loisible d'instrumentaliser la pression migratoire de Mayotte et d'expliquer aux Mahorais, dont le territoire abrite, rappelons-le, le plus grand désert médical français, qu'ils ne trouveront leur salut que dans le seul maintien de l'absence de toute aide médicale d'État – faisant peser sur la figure de l'étranger les difficultés d'accès à ce service public – plutôt que d'œuvrer à une régulation du marché et d'imposer en conséquence, comme s'y est refusée l'extrême droite, une véritable obligation à l'installation de médecins dans les déserts médicaux.

Si la structure économique désormais si défavorable aux classes moyennes et populaires, ne peut que produire un sentiment de dépossession généralisé, cette dépossession, lorsqu'elle se mue en désir de revanche, est instrumentalisée par une extrême droite qui ne souhaite pas l'orienter vers le haut par la remise en cause du jeu capitaliste, mais plutôt vers le bas par la désignation de boucs émissaires faciles et racialement définis, cet « Autre », en somme, qui lui permet d'articuler les thématiques du « pouvoir d'achat » et de l'« immigration ».

Le risque, déjà en cours, est donc de voir émerger une extrême droite qui gagne au tirage et au grattage.

Au tirage, car ses méthodes caméléonesques lui permettent de surfer sur des arguments économiques qui font mouche dans des territoires marqués par un sentiment d'abandon, de délaissement et de colère, engrangeant un vote – qu'il soit d'adhésion ou protestataire – qui lui permet officiellement de se présenter comme le parti qui défend les plus précaires, tout en refusant, une fois les élections passées, de remettre en question, au nom du « pragmatisme » et de la « responsabilité », les modes d'organisation économique du pays qui sont défavorables aux plus précaires.

Au grattage car les cris d'orfraie qui lui servent à dénoncer bruyamment les conséquences structurelles d'un modèle économique qui constitue en réalité son fonds de commerce électoral sont aussi fictifs que les offensives socialistes contre cet adversaire « sans nom, sans visage et sans parti » qui auront marqué le mandat de François Hollande. Au contraire, l'extrême droite a directement intérêt à l'exacerbation des identités nées de l'offensive néolibérale couplée, pour des segments entiers de populations, à une promesse républicaine vécue comme trompeuse qui favorise la désignation d'ennemis de l'intérieur et la concrétisation d'un projet politique prônant une vision de la société doublement raciste.

Ainsi que le soulignait le sociologue Hugo Touzet, que ce soit au travers du slogan historique du Front national, « un million de chômeurs c'est un million d'immigrés de trop », ou des propos de Marine Le Pen jugeant « qu'il n'y a pas besoin d'immigrés quand il y a des chômeurs », on saisit bien « que cet Autre est lié à l'immigration, perçue comme la cause principale des problèmes sociaux »[1]. Ethnicisé à dessein, il incarne ainsi, bien malgré lui, un gain politique substantiel : le sociologue Félicien Faury pointe en ce sens que la science électorale – dont on peut certes, selon lui, souligner les limites méthodologiques mais dont les résultats doivent être regardés avec lucidité – a mis en évidence que l'électorat du Rassemblement national se situe « toujours aux sommets des "échelles d'ethnocentrisme" (...) qui mesurent l'ampleur, l'intensité et la récurrence des préjugés négatifs à l'encontre des minorités ethno-raciales[2] ». Ce constat ne semble par ailleurs pas incompatible avec celui d'une tendance croissante de la tolérance au sein de la société portée par Vincent Tiberj[3], car celui-ci souligne que la croissance de l'abstention participe de l'entretien d'un mythe de la droitisation de l'électorat.

L'extrême droite ne réussissant pas à proposer de véritables « politiques de redistribution », et donc à combattre efficacement le néolibéralisme, tout en ne désirant pas s'en prendre aux inégalités imposées par le haut, il lui est ainsi plus aisé de dénoncer les « parasites du bas », participant en cela à ethniciser la question sociale et à exalter, en conséquence, identités et

1 Hugo Touzet, « Non les ressorts du vote RN ne sont pas cachés », *AOC*, 13 novembre 2024.

2 Félicien Faury, « Vote RN : pourquoi le racisme compte », *AOC*, 23 mai 2024.

3 Vincent Tiberj, *La droitisation française : mythe et réalités*, Paris, PUF, 2024.

« ressorts racistes », lesquels font référence non pas à des comportements ou représentations individuelles, mais à un *processus d'assignation* conduisant des membres du groupe majoritaire – issus notamment des classes populaires ou des classes moyennes fragilisées – se sentant menacés dans leur intégration à ce groupe, à instaurer une relation sociale asymétrique permettant de minoriser les « autres ».

Comment expliquer, dès lors, que « des sociétés nées de l'esclavage (…) et du racisme inscrit au cœur de la traite et de la colonisation, sociétés communément présentées comme des "terres de gauche" voire comme des emblèmes de la créolisation [aient] pu basculer dans les bras de Marine Le Pen, représentante aux dernières élections présidentielles des oripeaux du fascisme français[1] ? ».

En effet, en 2022, à l'occasion du second tour de l'élection présidentielle, Marine Le Pen, candidate du Rassemblement national, a remporté la majorité des suffrages dans la plupart des départements et territoires d'outre-mer : dépassant la barre des 50 % à Saint-Barthélemy, Saint-Martin ou encore Saint-Pierre et Miquelon, elle obtenait près de 70 % des votes en Guadeloupe, et plus de 60 % en Martinique et en Guyane. Ces résultats peuvent d'autant plus surprendre qu'en 2017, la même Marine Le Pen remportait, toujours au second tour, moins de 25 % des suffrages martiniquais et guadeloupéens, grimpant jusqu'à 35 % en Guyane. Quant aux élections européennes de juin 2024, la liste du Rassemblement national se classe systématiquement sur la première (Guadeloupe, La Réunion, Guyane, Mayotte, Saint-Pierre et Miquelon) ou deuxième (Wallis-et-Futuna, Polynésie française, Nouvelle-Calédonie, Saint-Martin/Saint-Barthélemy) marche du podium, selon les territoires.

1 Silyane Larcher, « La tentation du fascisme en postcolonie ? Sur la victoire de Le Pen aux Antilles », *AOC*, 27 mai 2022.

Au-delà du rejet épidermique du président sortant, qui explique en partie des résultats guidés par un vote protestataire, la chercheuse Silyane Larcher appelait à ne pas relativiser l'ampleur du vote pour l'extrême droite dans les territoires ultramarins, ce qui peut être tentant au regard de la participation souvent très faible qui favorise des taux d'abstention record. Elle relevait ainsi que dans les Antilles, alors même que le premier tour de l'élection présidentielle de 2022 était marqué par une abstention de plus de 55 % de l'électorat en Guadeloupe et en Martinique, la participation électorale avait sensiblement augmenté au second tour, « des électeurs antillais [ayant] ainsi sciemment fait le choix, et de manière volontariste, de donner la victoire à Marine Le Pen[1] ».

La tendance, déjà notable dans l'Hexagone, d'un rejet massif de la politique gouvernementale qu'exprime le grappillage insidieux mais réel d'électeurs par l'extrême droite et le renoncement à se déplacer aux urnes de tout un pan de la population, bénéficie d'un effet loupe outre-mer. La percée – relative mais avérée – du Rassemblement national, qui a par ailleurs envoyé au Palais-Bourbon deux députés ultramarins suite aux élections législatives anticipées de juin 2024, est inquiétante à plusieurs égards.

D'une part, car tout en surfant sur les contrariétés et ressentiments légitimes nés des déceptions post-départementalisation, l'extrême droite tente de s'installer dans un rôle de porte-parole des défaillances de l'État en outre-mer. Elle instrumentalise à son profit la thématique – centrale dans les territoires ultramarins – du pouvoir d'achat, alors même que ses nombreux et révélateurs renoncements en matière de politiques sociales et économiques, tels qu'évoqués précédemment,

1 *Ibid.*

sont les témoins de l'hypocrisie que cache mal le masque de la vertu arboré par les émissaires du parti.

Ensuite, car l'extrême droite, qui a besoin des inégalités dont elle profite des retombées – parmi lesquelles l'exacerbation générale des identités – peaufine, sur le dos des territoires ultramarins, son projet de « déracialisation ». Ainsi Marine Le Pen a-t-elle pu arguer qu'elle n'était « absolument pas raciste[1] » et récuser toute forme de discrimination « en fonction de l'origine » ou « de la couleur de la peau »[2], appuyant son propos sur la popularité dont elle serait créditée auprès des habitants de Mayotte, qui ont « voté pour [elle] dans des proportions absolument spectaculaires aux élections présidentielles »[3], oubliant au passage de préciser que plus d'un Mahorais sur deux (54,51 %) ne s'était pas rendu aux urnes au second tour[4]. Ce faisant, « l'Autre » se trouve lui aussi déracialisé et les problématiques sociales et économiques, que l'extrême droite n'a de toute façon pas l'intention de régler, reléguées car invisibilisées au détriment de la figure de celui qui se retrouve taxé d'être à la source des maux ultramarins, « comme si le rejet de l'Autre garantissait le maintien d'acquis bien lourdement affaiblis[5] ». D'où une certaine désinhibition des sentiments xénophobes développés « contre les Caribéens venus de Haïti, des îles anglophones voisines de la Dominique ou de Sainte-Lucie, mais aussi de République dominicaine[6] » ou bien à l'égard du migrant africain à Mayotte. Le député RN de La Réunion déclarait

1 Éloïse Cimbidhi, « Je ne suis absolument pas reciste » martèle Marine Le Pen, *Le Figaro*, 6 mai 2024.

2 *Ibid.*

3 *Ibid.*

4 Ministère de l'Intérieur et des outre-mer, Résultats des élections présidentielles des 10 et 24 avril 2022.

5 Silyane Larcher, « La tentation du fascisme en postcolonie ? Sur la victoire de Le Pen aux Antilles », *op. cit.*

6 *Ibid.*

ainsi par exemple que les Comores déversent « toute leur immigration et celle de l'Afrique chez nos frères de Mayotte et, par ricochet, de La Réunion[1] ».

Reconnaître l'ancien sous les apparences du nouveau

L'ancien, en ce que la remise au goût du jour de la notion de « Blanc » fut l'œuvre de feu le Front national et par laquelle l'identité n'est plus sociale mais raciale, « seule capable de fédérer et de regrouper des forces pour lutter contre le déclassement tout en faisant référence à une grandeur passée de la France[2] ». Se définir comme tel reviendrait ainsi à « défendre une identité, se revendiquer comme Français, affirmer une filiation et une continuité sur un terroir, postuler à certains droits et à la "préférence nationale", et surtout se définir par rapport aux autres, se distinguer des "minorités visibles"[3] ». Le ripolinage de façade engagé par le RN dans le cadre de sa stratégie de « dédiabolisation » sur la question du racisme s'effrite dès lors que des situations concrètes se présentent à lui. Ainsi de Marine Le Pen, qui n'a finalement rien eu à redire face à la situation de Divine Kinkela, cette aide-soignante noire copieusement abreuvée d'insultes racistes de la part de ses voisins, un couple de sympathisants soutenant ouvertement le Rassemblement national[4].

1 Question de M. Joseph Rivière lors de la séance de Questions au gouvernement du 13 novembre 2024.

2 Nicolas Bancel, Pascal Blanchard et Ahmed Boubeker, *Le Grand Repli*, *op. cit.*

3 *Ibid.*

4 « Marine Le Pen considère que les propos de sympathisants RN dans "Envoyé spécial" ne sont pas racistes », *Le Monde* avec *AFP*, 23 juin 2024.

Le nouveau, en ce que, ainsi que le soulignaient les philosophes Norman Ajari et Marylin Maeso[1], l'extrême droite ne se fonde plus ouvertement sur « l'hérédité biologique », donc sur un racisme biologique rattaché à des évidences visibles comme la couleur de la peau, mais sur « l'irréductibilité des différences culturelles », donc un racisme qui substitue la culture à la race, pour justifier un discours anti-immigrationniste radical. Ce discours alimente ainsi des peurs et des stéréotypes qui nourrissent – jusque dans des territoires dont l'histoire est marquée par des discriminations raciales – des rancœurs qui font de l'immigré, non plus une figure d'identification rappelant la permanence, en France, d'assignations stigmatisantes et de biais discriminatoires qui jouent directement sur l'accès par les populations racisées (au sens d'assignées à un statut minoritaire) à des fondamentaux tels que le logement ou l'emploi, mais le coupable universel, celui qui justement vole l'emploi, les droits et l'identité des Français.

Au-delà d'une tendance manifeste à servir de caution anti raciste au Rassemblement national, lequel ne manque pas d'user et abuser de la progression relative de ses scores dans les territoires d'outre-mer comme d'une démonstration de sa « dédiabolisation », le prisme ultramarin témoigne en réalité du brouillage qui règne aussi bien sur ses axes programmatiques que sur sa ligne idéologique, lesquels constituent un fourre-tout modulable au gré des contextes, des interlocuteurs, et des récepteurs. À titre d'illustration, Marine Le Pen, alors candidate aux élections présidentielles de 2022, reconnaissait d'un côté « qu'il y a des vraies spécificités pour l'outre-mer et qu'il faut les respecter[2] » mais déclarait d'un autre côté vouloir

1 Norman Ajari et Marylin Maeso, « Où commence le racisme ? : désaccords et arguments », *Philo Magazine*, mai 2023.

2 « Présidentielle 2022 : Marine Le Pen veut faire des outre-mer "une forme de priorité" », *Outre-mer 1ère*, 24 mars 2022.

« rétablir systématiquement l'usage exclusif et irremplaçable du français dans tous les usages qui fondent et forment notre civilisation ». Des propos à contre-courant du multilinguisme qui caractérise les territoires ultramarins, les langues y étant l'expression de savoirs et de cultures, et des combats menés pour leur reconnaissance officielle.

Le Rassemblement national n'est pas non plus avare de contradictions en matière de questions sociales, lesquelles ont été particulièrement flagrantes lors de l'examen de la loi pour le « plein-emploi[1] » votée en décembre 2023, dont l'une des mesures ayant le plus fait parler d'elle est le conditionnement du versement du RSA à quinze heures d'activités. Le sujet n'est pas de revenir ici sur cette mesure, dont l'objectif premier était avant tout de créer des situations dérogatoires au salariat pour baisser le coût du travail, mais plutôt sur les positions fluctuantes du RN.

Ce discours attrape-tout, pavé d'incohérences, a finalement trouvé une clarification par la voix de Jordan Bardella, qui, questionné sur la conditionnalité du RSA par des heures de travail gratuit, a fini par déclarer qu'« il faut des contreparties aux prestations sociales de ce type[2] », laissant ainsi planer l'idée que les allocataires des minima sociaux profiteraient, selon des termes récurrents dans le débat public, d'un système qui les placerait dans une position d'« assistés », qu'il y aurait donc des bons pauvres et des mauvais pauvres. Cette antienne, profondément néolibérale en ce qu'elle considère que le social n'existe pas et que chacun est responsable de ses propres turpitudes, imbibe un discours qui ne collerait pas avec tout un pan des segments électoraux acquis à l'extrême droite.

1 Loi n° 2023-1196 du 18 décembre 2023 pour le plein emploi.

2 *Dimanche en politique*, émission du 4 février 2024 sur France 3.

Le parti d'extrême droite, nulle part mais partout à la fois, au nom du « pragmatisme », a ainsi tenté de ménager deux visions contradictoires des aides sociales[1]. Car si par cette déclaration, la classique dénonciation de l'« assistanat » refaisait subrepticement surface, elle plaçait aussi le président du parti en contradiction avec la position de vote de sa famille politique à l'Assemblée nationale, le premier s'étant déclaré « parfaitement d'accord » avec le conditionnement du RSA tandis que la seconde votait contre un tel conditionnement au sein du Palais Bourbon.

Le cas des territoires ultramarins est à cet égard particulièrement révélateur de la contradiction à laquelle se heurterait l'extrême droite si elle appliquait partout son discours moralisateur sur les aides sociales. La réalité des inégalités structurelles y est telle qu'un tel discours y serait non seulement politiquement inopérant, mais aussi socialement indécent. L'extrême droite l'a bien compris, elle qui pratique une « taqîya » sociale pour entretenir un flou qui lui soit profitable électoralement : entre discours national stigmatisant et tactique locale d'évitement, entre dénonciation morale et opportunisme électoral.

1 Clément Guillou, « L'ambiguïté volontaire du Rassemblement national sur le RSA », *Le Monde*, 11 octobre 2023.

Conclusion

Il pourrait sembler paradoxal que les principaux mouvements sociaux qui ont émaillé les territoires ultramarins au cours des dernières décennies aient été principalement alimentés par des revendications égalitaires constantes et légitimes, quand dans le même temps s'affirmait une prise de conscience ferme et revendiquée d'identités diverses légitimant la reconnaissance de singularités. Mais « l'égalité n'est pas l'identité » et « la société des égaux n'est pas la société des clones »[1]. Si l'on ne peut pas mettre de côté les effets encore actuels des antagonismes hérités du passé colonial à l'œuvre dans nombre de ces territoires où l'économie reste à la main d'oligarques locaux, ni invisibiliser les legs sociaux de l'ère coloniale qui ont encore prise sur la structure sociale, les réflexions complexes qui s'y mènent en termes de sentiments d'appartenance et de construction identitaire sont à l'image de celles qui infusent, de manière plus globale, la société française.

Ils sont aussi le reflet de la justesse des propos tenus par Jean-Fabien Spitz[2], qui, revenant sur la confusion largement

1 Laurent Mucchielli, « Deux mythes nationalistes bloquent notre réflexion sur l'identité française », *AOC*, 4 mars 2020.

2 Jean-Fabien Spitz, « La France et l'Amérique déclinent-elles deux versions différentes du républicanisme ? », France Culture, série « Qui a inventé la République ? », 8 novembre 2022.

entretenue entre l'indivisibilité de la République et son supposé caractère unitaire, rappelait qu'en réalité « l'adjectif "une" est absent du texte de la Constitution ». Ce « faux stéréotype » que dénonce l'historien et sociologue Jean Baubérot permet ainsi de délégitimer selon lui « l'expression publique de la diversité culturelle et convictionnelle de la France »[1].

La République serait donc indivisible certes, mais pas « une », le terme ne figurant pas dans l'article 1er du texte fondateur de la Ve République. Affirmant que chacun peut « appartenir à différents cercles d'identité ou d'autodéfinition », Jean-Fabien Spitz mettait ainsi en garde contre la tentative de nier la présence en France d'individus « qui ont dans leur identité des dimensions qui ne sont pas celles de la population française [dite] "de souche"[2] », une telle négation ne pouvant, selon lui, qu'aboutir à des fractures et des conflits.

Alors que les questions identitaires polarisent l'espace public et que s'expriment de plus en plus nettement des identités particulières qu'accompagnent parfois des revendications visant à obtenir des droits qui leur seraient inhérents ; tandis que leur est opposé le refrain du roman national porteur d'une identité fantasmée réfractaire à la reconnaissance du caractère multiculturel de la société ; au moment où le seul horizon collectif brandit par les forces politiques semble s'arrêter à celui du remboursement de la dette, au détriment de tout projet politique mobilisateur ; quand, enfin, les « prurits autoritaires de la République[3] » envisagent la Constitution comme un rempart à l'expression des particularismes, le prisme ultramarin est au contraire révélateur d'une souplesse républicaine qui,

---

1 Jean Baubérot, « "République est une et indivisible" : la réponse de Jean Baubérot à Yvon Quiniou », tribune dans *Le Monde*, 8 janvier 2018.

2 Jean-Fabien Spitz, « La France et l'Amérique déclinent-elles deux versions différentes du républicanisme ? », *op. cit.*

3 *Ibid.*

si elle peut paraître insuffisante à bien des égards, a le mérite de donner à voir le caractère mythifié, essentialisé mais surtout dépassé de l'idéal assimilateur républicain d'unité nationale.

Ces territoires sont ainsi bien souvent qualifiés de « laboratoires » pour désigner les mesures d'exception qui peuvent y être appliquées. Si certaines sont à déplorer, à l'image de l'application d'un droit dérogatoire pour les étrangers largement défavorable à ces derniers ou d'un droit du sol amputé à Mayotte, d'autres permettent de remettre « en question certaines certitudes sur la République française et spécialement son jacobinisme[1] ». Au-delà d'un aspect institutionnel et juridique qui permet, dans une moindre mesure, d'adapter gouvernance et politiques publiques aux réalités locales, l'application malléable de principes dits républicains témoignent d'une diversité déjà à l'œuvre des modes d'appartenance nationale.

Ainsi Mayotte, où 95 % de la population est musulmane, témoigne de l'insertion de l'islam au sein de la République, notamment au travers de la figure des cadis, ces notaires et magistrats musulmans qui se sont chargés, jusqu'en 2010, de l'application du droit local et de la résolution des litiges selon les règles musulmanes et coutumières, et qui sont longtemps apparus comme une force de régulation de la société. Si l'institution cadiale a progressivement perdu ses prérogatives, à la faveur de la départementalisation et de l'application du droit commun à Mayotte, les cadis sont toutefois, depuis 2015, « en voie de réhabilitation, au moins symboliquement[2] ». Même si les contours de ce rôle restent flous et leur place en conséquence mal définie, ils sont aujourd'hui des « médiateurs sociaux de la

1 Jean-Christophe Gay, *La France d'outre-mer : titres éparses, sociétés vivantes*, Paris, Armand Colin, coll. « U Géographie », 2021.

2 Myriam Hachimi-Alaoui et Élise Lemercier, « Que faire des cadis de la République ? Enquête sur la reconfiguration de l'institution cadiale à Mayotte », *Ethnologie française*, vol. 48, n° 1, 2018, p. 37-46.

République » et sont notamment « mobilisés par les pouvoirs publics comme les représentants d'un islam "compatible avec les principes de la République" »[1].

À 12500 kilomètres du 101e département français, en Nouvelle-Calédonie, Benoît Trépied soulignait qu'il existe une « exception au principe de l'unicité du peuple français[2] » : le « peuple kanak » y est en effet officiellement reconnu par la République, *via* l'accord de Nouméa, depuis 1998, permettant aux Kanak d'être représentés dans des institutions « qui respectent leur identité ». Revenant sur cette innovation majeure, Léa Havard en pointait la forte charge symbolique. Par le biais de ce qu'elle qualifie de notion inédite, « l'État français reconnaissait par là même la singularité, à la fois historique, culturelle et politique, de ce territoire ultramarin au sein de la République[3] ».

À l'heure où la langue est de plus en plus envisagée comme un outil de reconnaissance de l'identité particulière d'un territoire – comme en témoigne la demande précédemment évoquée de reconnaissance de co-officialité du créole aux côtés du français en Martinique –, en Polynésie française, où s'applique un statut d'autonomie particulier, les langues polynésiennes sont reconnues comme un « élément fondamental de l'identité culturelle[4] ». Utilisées quotidiennement, elles sont également enseignées à l'école primaire depuis 1982 et constituent désormais une épreuve obligatoire du concours des professeurs des écoles, témoignant d'une prise en compte des réalités linguistiques et culturelles locales.

1 *Ibid.*

2 Benoît Trépied, « Une nouvelle question indigène outre-mer ? », *La Vie des Idées*, Dossier / Outre-mer : la République en sa diversité, 15 mai 2012.

3 Léa Havard, « La réalisation de la citoyenneté calédonienne », *Revue du droit public*, vol. 5, 2013, p. 1179-1205.

4 Benoît Trépied, « Une nouvelle question indigène outre-mer ? », *op. cit.*

La République a également su s'accommoder de l'organisation coutumière qui structure l'archipel de Wallis-et-Futuna, ce territoire français le plus éloigné de l'Hexagone partagé entre trois royaumes, un à Wallis et deux à Futuna, et où la loi confère aux « populations du territoire des îles Wallis et Futuna le libre exercice de leur religion, ainsi que le respect de leurs croyances et de leurs coutumes (...)[1] ». Les rois – dont le pouvoir n'est pas héréditaire mais découle d'une élection parmi un nombre restreint de familles nobles –, y occupent ainsi une place centrale. Bien qu'il faille préciser que le représentant de la République française y a autorité sur les monarques, « Wallis et Futuna constituent un exemple rare de cohabitation au sein d'une République de trois royaumes officiellement reconnus et en grande partie financés par elle[2] ».

Si ces quelques démonstrations non exhaustives font mention de territoires ultramarins n'ayant pas tous fait le choix de la départementalisation mais celui d'une autonomie à géométrie variable, elles témoignent toutefois de l'existence d'une « mosaïque de configurations juridico-institutionnelles[3] » et donc, en un sens, de la capacité à faire preuve d'une forme de souplesse républicaine qui contraste avec la promesse républicaine originelle adressée aux territoires ayant fait le pari de l'embrasser, restée, elle, au stade de la matérialité sans cesse différée.

Si l'universalisme est un horizon vers lequel tendre, force est de constater que la République, et le prisme ultramarin le démontre, ne peut se targuer d'être arrivée à bon port. Face à un cadre originel figé et quelque peu étriqué, qui nourrit et

1 Article 3 de la loi n° 61-814 du 29 juillet 1961 conférant aux îles Wallis et Futuna le statut de territoire d'outre-mer.

2 Philippe Gosselin et Davy Rimane, « L'avenir institutionnel des outre-mer », *op. cit.*

3 Carine David, « Autonomie », *Dictionnaire juridique des outre-mer*, 2021.

légitime des revendications autonomistes et indépendantistes qui s'affranchissent du seul cadre ultramarin, des propositions invitant à repenser l'universalisme classique sans tomber dans le piège de l'identité comme fondement de toute légitimité se font jour[1].

En ce sens, les réflexions sur les conséquences directes et indirectes des rémanences de la colonialité resteraient incomplètes sans envisager les dynamiques à l'œuvre outre-mer, dont les territoires ne se limitent ni à leurs « atouts » ni à leur « extrême diversité » ni à leur « richesse culturelle ». Ces poncifs invisibilisent la complexité de réalités sociales et économiques interrogeant la société française dans son ensemble. Minorer ou instrumentaliser des revendications, notamment identitaires, portées par des populations qui se vivent comme reléguées ne revient-il pas à bâtir des murs plutôt que des ponts, avec le coût démocratique qu'une telle mise en sourdine risquerait de générer ?

L'intérêt du prisme ultramarin ne réside pas uniquement dans la démonstration que la défection des promesses d'égalité civile, politique, sociale excède les frontières ultramarines pour concerner la société française dans son ensemble. Il permet aussi de recontextualiser les crispations identitaires qui traversent la République : l'affirmation identitaire, loin d'être une simple réaction communautaire, devient une réponse politique à un universalisme qui, sous couvert d'assimilation, donc d'homogénéisation, nie les particularismes culturels, historiques et linguistiques.

Il met ainsi à nu le fonctionnement général d'une République à deux vitesses, et éclaire une mécanique plus large, dans laquelle l'assimilation, en niant les réalités culturelles, historiques, linguistiques, a alimenté en retour leur affirmation.

---

1 Julien Suaudeau et Mame-Fatou Niang, *Universalisme*, Paris, Éditions Anamosa, 2022.

Loin d'effacer les appartenances, l'universalisme abstrait a produit leur résurgence, comme si la promesse de ressemblance ne pouvait qu'engendrer la revendication de singularité.

Nous avons tenté de démontrer que ce phénomène s'inscrit dans un mouvement parallèle à celui du marché, qui, par sa logique d'homogénéisation des désirs, de standardisation des modes de vie et d'effacement des traditions, engendre lui aussi une quête de différenciation. Le néolibéralisme, en dissolvant les structures collectives (famille, classe, communauté), place l'individu face à lui-même, puis l'invite à se définir, à consommer et à exister à travers une identité de plus en plus essentialisée, façonnée par des produits, des récits, des signes. Il crée ainsi un terrain favorable à l'exacerbation identitaire, qu'il nourrit tout en l'exploitant.

Il n'est donc pas anodin que des termes tels que « néocolonialisme », « colonialité » ou « racialisation » soient mobilisés avec une acuité renouvelée dans le champ critique pour désigner non seulement la persistance de logiques de domination, d'exploitation et de hiérarchisation directement issues de la période coloniale, mais aussi les logiques économiques contemporaines. De nombreux auteurs ont d'ailleurs montré comment le capitalisme globalisé s'était construit en continuité avec les rapports coloniaux, et comment il en perpétue les hiérarchies.

Dans ce contexte, les fractures identitaires s'approfondissent et donnent de plus en plus le sentiment de se cristalliser autour de la dimension raciale. Les possibilités de construire des solidarités transversales s'en retrouvent affaiblies, transformant le glissement de la citoyenneté vers l'identité en un terrain miné, où chacun est sommé de se définir, souvent contre l'autre, plutôt qu'avec.

L'extrême droite prospère sur cette guerre des récits, instrumentalisant les paniques identitaires pour produire une massification électorale. Elle ne veut pas l'effacement des différences, mais leur essentialisation, leur confrontation, leur enfermement. Ce faisant, elle parachève un processus que la République et le capitalisme ont, chacun à leur manière, contribué à enclencher.

En définitive, l'intérêt du prisme ultramarin ne tient pas uniquement à la reconnaissance, trop souvent tardive, des réalités spécifiques vécues par ces territoires. Il éclaire des dynamiques politiques, sociales, économiques et symboliques qui, loin d'être marginales, révèlent les impensés d'un modèle républicain qui promet l'égalité tout en la déniant. Il expose la manière dont l'universalisme devient un instrument de neutralisation des différences dès lors qu'il sert à masquer des inégalités structurelles. Il révèle comment le néolibéralisme, en imposant ses logiques d'uniformisation marchande, rencontre l'universalisme dans un même projet d'effacement des singularités, et comment cette double violence produit, en retour, des identités exacerbées.

Table des matières

Composition : Le Bord de L'eau éditions

Cet ouvrage a été achevé d'imprimer en juillet 2025
pour le compte des éditions Le Bord de L'eau
par CPI (18200 Saint-Amand-Montrond).

Dépôt légal : Août 2025 – N° d'impression : 2085694

Imprimé en France